Florian Huber | Ratgeber Neubau-Immobilien
2. Auflage

Florian Huber ist Wirtschaftsjurist (Universität Bayreuth) und Mitgründer der neubau kompass AG (*www.neubaukompass.de*) – Deutschlands größter Webseite für Bauträgerimmobilien und Neubauprojekte. Er beschäftigt sich seit zehn Jahren intensiv mit dem Thema Immobilien und betreibt das bekannte Immobilien-Blog neubau-muenchen.com. Florian Huber lebt mit seiner Familie im Süden von München.

Feedback zum Buch?

Den Autor erreichen Sie unter der E-Mail-Adresse *huber@neubaukompass.de*

Florian Huber

# Ratgeber Neubau-Immobilien

So treffen Sie beim Immobilienkauf vom Bauträger die richtige Entscheidung!

2. Auflage

www.neubaukompass.de

Bibliografische Information der Deutschen Nationalbibliothek
Die Deutsche Nationalbibliothek verzeichnet diese Publikation
in der Deutschen Nationalbibliografie; detaillierte bibliografische
Daten sind im Internet über http://dnb.d-nb.de abrufbar.

© 2014 Florian Huber
Satz und Layout: Buch&media GmbH, München
Herstellung und Verlag: BoD – Books on Demand
Printed in Germany · ISBN 978-3-7357-5577-3

# Inhalt

Vorwort zur 2. Auflage .................................................. 9

Einleitung .............................................................. 12

## Die Qual der Wahl – die Auswahl des richtigen Objekts

Checkliste: Stadt oder Umland? ......................................... 15
Checkliste: Neubau- oder Gebrauchtimmobilie? ........................... 17
Checkliste: Eigentumswohnung im Erdgeschoss ............................ 19
Checkliste: Eigentumswohnung im Dachgeschoss ........................... 20
Checkliste: Reiheneckhaus vs. Reihenmittelhaus ......................... 20
Checkliste: Altersgerechte Wohnimmobilien .............................. 21
Recherche: Wer suchet, der findet! ..................................... 24

## Der Umgang mit dem Bauträger

Goldene Regeln ......................................................... 28
Checkliste: Guter Bauträger ............................................ 36
Qualität der Hausverwaltung ............................................ 37

## Die Finanzierung der Immobilie

Die sieben größten Fehler bei der Baufinanzierung ...................... 39
Die Wohnimmobilie als Kapitalanlage .................................... 46
Immobilienstandort Deutschland ......................................... 48
Ranking: Quadratmeterpreise für Neubauten .............................. 50

## Rechtliche Rahmenbedingungen

| | |
|---|---|
| Bauträgervertrag | 52 |
| Form und Inhalt des Bauträgervertrags | 54 |
| Makler- und Bauträgerverordnung (MaBV) | 55 |
| Zahlungsplan nach der MaBV | 57 |
| Bauzeit, Bezugsfertigkeit, Fertigstellung | 58 |
| Beratung durch einen Rechtsanwalt | 59 |
| Rechtliche Probleme bei Neubau-Immobilien | 61 |
| Abnahme bei Neubau-Immobilien | 62 |
| Vorbereitung auf die Abnahme | 64 |
| Checkliste: Abnahme | 65 |
| Mustertext: Abnahmeprotokoll | 69 |
| 100 Prozent mangelfrei? | 70 |
| Mustertext: Mängelrüge mit Fristsetzung | 71 |
| Energieausweis: alles im grünen Bereich? | 72 |

## Baumängel und Gewährleistung

| | |
|---|---|
| Werkvertragsrecht | 78 |
| Beschaffenheitsvereinbarung | 79 |
| Rechtsmangel | 81 |
| Folgen eines Mangels | 82 |
| Rechtserhebliche Erklärungen | 87 |
| Verjährung von Ansprüchen gegen den Bauträger | 87 |
| Abnahmeverweigerung | 88 |

Immobilien und Steuern

Grunderwerbsteuer .................................................... 91
Grundsteuer ........................................................... 93
Spekulationsfrist: Drum prüfe, wer sich ewig bindet! ................ 95

Immobilienkauf für Paare ............................................. 97

Versicherungsschutz für Immobilienkäufer ............................ 100

Einbruchsschutz für Immobilien ...................................... 103

Zukunft: Trends auf dem Immobilienmarkt ............................. 106

Anhang: Nützliche Internetadressen .................................. 109

Stichwortverzeichnis A–Z ............................................ 112

# Vorwort zur 2. Auflage

Fünf Jahre sind vergangen, seit wir unseren *Ratgeber Neubau-Immobilien* erstmals publiziert haben. Nun halten Sie die zweite, umfassend aktualisierte Auflage in Händen.

Auf dem deutschen Immobilienmarkt hat sich seitdem einiges verändert: Vor der Finanz- und Schuldenkrise 2008/2009 haben Immobilieninvestments in Deutschland eher eine Schattendasein gefristet. Das Interesse an Immobilieneigentum war nur mäßig. Denn Preissteigerungen jenseits der Inflationsraten wurden damals noch kaum verzeichnet. Immobilien galten vielen Anlegern und Beratern als Langweiler-Investment: geringes Risiko, geringe Chancen.

In Reaktion auf die globale Finanzkrise sahen sich alle großen Zentralbanken veranlasst, ihre Zinssätze immer weiter zu senken, um so eine weltweite schwere Wirtschaftskrise zu verhindern. Diese historisch einmalige Welle von Zinssenkunken – bildlich gesprochen das Fluten der Märkte mit »billigem Geld« – hatte vor allem zwei Folgen.

Durch die Niedrigzinsen gibt es für deutsche Sparer immer weniger Anlagealternativen: Sparbuch, Festgelder, Staatsanleihen und Lebensversicherungen können nach Inflation und nach Steuern keinen Werterhalt des eingesetzten Geldes mehr garantieren. Anderseits sanken auch die Zinssätze für Immobilienkredite auf ein historisch niedriges Niveau. Vereinfacht gesagt war die Finanzierung der eigenen Immobilie also noch nie so günstig wie heute.

So reduzierte sich der nominale Zinssatz für ein Hypothekendarlehen mit 10-jähriger Laufzeit von rund fünf Prozent im Januar 2000 auf nur noch gut zwei Prozent im Mai 2014. Man kann sich also heute für die gleiche Darlehenssumme eine mehr als doppelt so teure Immobilie leisten.

Die sinkenden Zinsen blieben nicht ohne Folgen für die Immobilienpreise: Eine dadurch ausgelöste steigende Nachfrage trifft auf ein nahezu gleich bleibendes Immobilienangebot. In der Konsequenz kann man auf dem deutschen Immobilienmarkt erstmals seit vielen Jahren wieder steigende Preise beobachten. In einigen Münchener Innenstadtlagen stieg das Preisniveau um über 50 Prozent – und das innerhalb von nur drei Jahren.

Allerdings sind steigende Immobilienpreise nur in prosperierenden Großräumen und beliebten Hochschulstädten zu beobachten. Immobilien abseits der attraktiven Regionen sind längst nicht so begehrt. Ältere Häuser und Wohnungen sind in vielen dieser Gegenden inzwischen sogar unverkäuflich geworden. Eine Tatsache, die in der medialen Berichterstattung, in der ständig von »explodierenden Preisen«, »Wohnungsnot« und »Häuserkampf« die Rede ist, oftmals zu kurz kommt.

In den vergangenen fünf Jahren sind also einerseits die Bedeutung und Attraktivität von Immobilien als Anlageklasse immens gestiegen, andererseits haben sich die Gegensätze auf den deutschen Immobilienmärkten weiter verstärkt: Attraktive Metropolen mit boomenden Märkten, wie München, Berlin und Hamburg, oder beliebte Studentenstädte mit einer steigenden Immobiliennachfrage, wie Freiburg, Heidelberg oder Erlangen, stehen nun augenfällig strukturschwächeren und unter Bevölkerungsschwund leidenden Regionen gegenüber. In Mecklenburg-Vorpommern, im Bayerischen Wald oder in Teilen des Ruhrgebiets herrscht geradezu »Endzeitstimmung«, wenn es um das Thema »Immobilieninvestments« geht.

Der *Ratgeber Neubau-Immobilien* ist ein Wegweiser für alle, die den Kauf einer neuen Eigentumswohnung oder eines neuen Hauses vom Bauträger planen. Er soll auf dem recht unübersichtlichen Markt der Neubau-Immobilien Orientierung geben.

In unserem Ratgeber geht es deshalb vor allem um die Auswahl des richtigen Objekts, um die Vor- und Nachteile von Neubau- gegenüber Gebrauchtimmobilien, um den richtigen Umgang mit dem Bauträger, die juristischen Fallstricke beim Abschluss des Bauträgervertrags und die häufigsten Fragen rund um die schwierigen Themen »Baumängel« und »Mängelbeseitigung«. Auch die finanziellen und steuerlichen Aspekte des Kaufs einer Neubau-Immobilie werden beleuchtet. Abgeschlossen wird der Ratgeber mit einem Blick auf die aktuellen Trends am deutschen Immobilienmarkt.

Unser Leitfaden hat ein Ziel: Ihnen durch fundiertes Expertenwissen mehr Sicherheit beim Kauf Ihrer neuen Immobilie zu geben!

*Florian Huber*
*und das Team von neubau kompass*
*im Sommer 2014*

# Einleitung

Laut Umfragen steht bei den meisten Deutschen die *eigene* Immobilie ganz oben auf der Liste der Lebensträume und Lebensziele. Mit der eigenen Immobilie verbinden sich positive Attribute wie Sicherheit, Unabhängigkeit, Wertbeständigkeit und Altersvorsorge.

Dennoch gleicht der Immobilienmarkt in den Augen vieler Käufer eher einem Haifischbecken als einem harmlosen Goldfischglas. Im Regelfall steht beim Erwerb einer Immobilie ein eher unerfahrener Privatmann Profis wie Bauträgern, Maklern und Bankern gegenüber. Der Laie trifft also auf Experten.

Für den Privatmann ist der Kauf einer Immobilie meist eine einmalige Sache – und zugleich auch die größte private Investition im Leben, die den Käufer oftmals über Jahrzehnte *finanziell immobil macht*! Eine Fehlentscheidung in diesem Bereich kann den finanziellen Ruin bedeuten.

Woran liegt es, dass es so schwer ist, auf dem Markt für Immobilien den richtigen Überblick zu erhalten? Vergleichen wir dazu den Erwerb einer Immobilie mit dem einer anderen kostspieligen Anschaffung, nämlich mit dem *Kauf eines Autos*.

## Freunde um Rat fragen

Beim Thema »Auto« kann jeder mitreden. Fast alle haben eines und haben mehrfach in ihrem Leben schon neue und gebrauchte Autos gekauft und vielleicht auch selbst wieder verkauft. Meist findet sich im Bekanntenkreis auch ein wirklicher »Autoexperte«. Also haben Sie als potenzieller Käufer in diesem Bereich viele Möglichkeiten, schnell und einfach an einen unabhängigen Ratschlag und an eine unkomplizierte Beratung zu kommen.

Ganz anders bei Immobilien: Selten findet sich im eigenen Umfeld jemand, der schon mehrere eigene Immobilien »hinter sich« hat und der zudem mit fundiertem Fachwissen über den lokalen Immobilienmarkt glänzen kann. Meist stößt man auf viel Halbwissen und wenig echtes Know-how – gerade wenn es um bautechnische oder juristische Fragestellungen geht. In der Folge muss sich der Immobilieninteressent auf die »Beratung« von Experten wie Makler, Bauträger und Finanzierungsberater verlassen. Diese verfolgen aber naturgemäß bei der Beratung ihre *eigenen* Interessen – was legitim und verständlich ist, aber bei Immobilieninteressenten meist ein ungutes Gefühl und große Unsicherheit hervorruft.

## Wer »kennt« die Marken?

Das gute oder schlechte Image von Automarken kennen wir seit unserer Kindheit. Wir sind praktisch mit Marken wie VW, BMW, Audi, Mercedes, Fiat oder etwa Toyota aufgewachsen. Aber wie steht es mit den Marken des Immobilienmarkts? Gerade im Bereich Wohnimmobilien gibt es keine bekannten Marken, keine echten *Brands*, wie die Marketingfachleute sagen. Oder könnten Sie spontan die Namen von ein paar größeren Bauträgern nennen? Und noch dazu deren *Positionierung* (unteres, mittleres, oberes Immobilien- bzw. Kundensegment) und deren *Markenversprechen* (etwa »Freude am Bauen« oder »Vorsprung durch Bautechnik«) kurz beschreiben? Anders als bei Autos gibt es im Immobilienbereich keine Marken und Unternehmen, zu denen wir seit Jahren oder gar seit Generationen *Vertrauen* aufbauen konnten. Man ist bei der Auswahl des richtigen Bauträgers mehr oder weniger auf sich selbst gestellt und muss sich häufig ganz auf sein Bauchgefühl verlassen.

## Testberichte und Empfehlungen

Wer sich ein Auto anschaffen möchte, findet in den Medien ein umfassendes Angebot an (meist) unabhängigen Testberichten, Kaufempfehlungen, Analysen und Ranglisten. Zahlreiche Autozeitschriften warten auf ihre Leser, es gibt eigene Fernseh- und Radioformate rund ums Auto. Kaum eine Tageszeitung kommt ohne die eigene Autorubrik aus. Noch mehr Informationen hält das Internet bereit: Auf diversen Portalen diskutieren Experten und Laien die Vor- und Nachteile der einzelnen Marken und Modelle. Anzeigenmärkte erlauben uns einen schnellen Preisvergleich per Mausklick.

Bei Immobilien sieht die Situation anders aus: Haben Sie schon mal etwas von einem Bauträgetest gelesen? Oder irgendwo einen Vergleich zwischen zwei aktuellen Neubauprojekten mit einer konkreten Kaufempfehlung (kaufen, nicht kaufen)? Oder ein Qualitätsranking zwischen den Bauträgern einer bestimmten Region? Der Immobilienmarkt – gerade auch der Markt für Bauträgerprojekte – ist intransparent und unübersichtlich.

Soweit also ein kleiner Vergleich zwischen der recht einfachen Wahl des »richtigen« Autos und den Tücken und Schwierigkeiten, die die Auswahl der »richtigen« Immobilie mit sich bringt. Eine Situation, unter der übrigens *alle* Marktteilnehmer leiden – nicht nur die Käuferseite! Denn: Wie oft wird eine Entscheidung über den Immobilienerwerb aufgrund dieser Unsicherheitsfaktoren unnötig verschoben und hinausgezögert? Und wie oft haben sich Interessenten wohl schon aufgrund dieser Intransparenz frustriert gegen eine eigene Immobilie entschieden (und das Geld lieber in ein neues Auto investiert)?

Der *Ratgeber Neubau-Immobilien* soll Ihnen als Kompass auf dem Immobilienmarkt dienen und Ihnen den richtigen Weg zu Ihrem neuen Zuhause weisen!

# Die Qual der Wahl –
# die Auswahl des richtigen Objekts

Die Auswahl des *richtigen* Objekts ist schwierig. Es gilt viele Entscheidungen zu treffen: Neubau oder Altbau? Doppelhaus oder Reihenhaus? Wohnung oder Haus? Erdgeschoss oder Dachgeschoss? Am Puls der Stadt oder eher im ruhigen Umland? Wie und wo wollen Sie jetzt und in Zukunft leben? Wo möchten Sie alt werden? Ihre Entscheidung ist zukunftsentscheidend!

**Checkliste:** Stadt oder Umland?

> *Ja, das möchste: Eine Villa im Grünen mit großer Terrasse, vorn die Ostsee, hinten die Friedrichstraße; mit schöner Aussicht, ländlich-mondän, vom Badezimmer ist die Zugspitze zu sehn – aber abends zum Kino hast dus nicht weit. (…)*
> Kurt Tucholsky (1890–1935)

Schon Kurt Tucholsky hat in seinem Gedicht (»Das Ideal« von 1927) den Wunschtraum aller Immobiliensuchenden auf den Punkt gebracht: die große Villa im Grünen, mitten in der Stadt gelegen!

In der Realität muss man sich entscheiden: Stadt oder Land? City-Wohnung oder ein Haus im Grünen? Der Trend auf dem Immobilienmarkt ist eindeutig und heißt: Zurück in die Stadt! Tendenziell verlieren die Immobilien auf dem Land eher an Wert, wohingegen Top-City-Lagen an Wert zulegen können.

Doch nun zu folgern, dass »Stadt« *immer* besser ist als »Land«, wäre zu kurz gegriffen. Es hängt von den persönlichen Lebensumständen ab. So wird sich ein kinderloses Unternehmensberater-Ehepaar in einer schicken Dachgeschosswohnung in Top-City-Lage mit kurzen Wegen zu Bahnhof und Flughafen wohler fühlen als irgendwo draußen im Umland.

Dieselbe Immobilie kann aber für eine fünfköpfige Familie mit Au-pair-Mädchen und Hund schnell zur Zumutung werden.

### Argumente für eine Immobilie in der Stadt

- Kurze Wege zum Arbeitsplatz, zur Schule und zum Kindergarten
- Kurze Wege in der Freizeit (Einkaufen, Kino, Theater, Sport)
- Geringere Mobilitätskosten durch kürzere Wege, vor allem durch Verzicht auf Autofahrten und Zweitwagen (steigende Mineralölpreise werden die Kosten für Mobilität weiter erhöhen)
- Immer weniger steuerliche Vorteile für Pendler (Höhe der Pendlerpauschale entspricht nicht mehr den tatsächlichen Kosten, steuerliche Einschränkungen bei Dienstfahrzeugen)
- Gut ausgebautes Netz an öffentlichen Verkehrsmitteln (Bus, Bahn)
- Kinder sind mobiler: Eltern sind nicht der »Taxi-Dienst« für ihre Kinder
- Bessere Verfügbarkeit von haushaltsnahen Dienstleistern wie Babysitter, Reinigungskraft, Pflegedienst, Handwerker
- Optimale Versorgung mit Breitband-Internet, Mobilfunknetz und Kabelfernsehen
- Einfacherer und schnellerer Wiederverkauf
- Wertstabilität und Chance auf Wertsteigerung der Immobilie

### Argumente für eine Immobilie im Umland oder auf dem Land

- Meist deutlich günstigerer Preis bzw. mehr Wohnfläche zum gleichen Preis
- Mehr Raum, mehr Platz, mehr Freiheit, mehr Natur, da keine »verdichtete« Bebauung
- Höherer Erholungswert, bessere Entspannung vom Joballtag
- Bessere Parkplatzsituation: keine allabendliche Parkplatzsuche, kein mühsames Rangieren in engen Tiefgaragen mit Duplexparkern
- Gesundheitliche Vorteile: kein Feinstaub, saubere Luft, weniger Lärm, weniger elektromagnetische Strahlung

- Mehr Möglichkeiten für Outdoor-Sport direkt vor der eigenen Tür, z. B. Joggen auf Waldwegen, Wandern, Mountainbiking
- Weniger Anonymität: höheres Gemeinschaftsgefühl, intensiverer Kontakt zu Nachbarn
- Weniger Kriminalität: keine sozialen Brennpunkte und damit weniger Gefahren für Kinder
- Kinder können mehr (unbeaufsichtigte) Freizeit »draußen« verbringen.
- Haustiere (Hunde, Katzen) fühlen sich auf dem Land wohler.

## Checkliste: Neubau- oder Gebrauchtimmobilie?

Wenn Sie diesen Ratgeber in Händen halten, haben Sie sich vermutlich bereits entschieden: Ihre Präferenz geht eher in Richtung Neubau-Immobilie. Dennoch hat jede Immobilienart ihre Vor- und Nachteile.

### Vorteile Neubau-Immobilie

- Neuester Stand der Technik (z. B. Heizung, Isolierung, Schallschutz)
- Geringere laufende Nebenkosten (vor allem für Heizung, Strom), da Neubauten energieeffizienter als Altbau-Immobilien sind
- Einfluss auf Grundriss und Ausstattung noch möglich – die Wohnung kann zumindest in gewissem Rahmen den individuellen Vorstellungen der Käufer angepasst werden.
- Sonderwünsche können realisiert werden (z. B. in Bezug auf Küche und Bad).
- Geringere Instandhaltungskosten, da in den ersten fünf Jahren erfahrungsgemäß nur wenige Reparaturen und Renovierungsarbeiten nötig sind
- Gewährleistungsrecht: fünf Jahre Ansprüche aus Sachmängelhaftung gegenüber Bauträger
- Bessere Wahlmöglichkeiten: Im Regelfall stehen im selben Gebäude verschiedene Wohnungsgrößen und -typen für unterschiedliche Anforderungen zur Auswahl.

- ▲ Meist keine zusätzlichen Maklergebühren (die Vertriebskosten des Bauträgers sind aber in den Grundpreis eingerechnet)
- ▲ Parkplatz: Im Gegensatz zu Altbauten steht fast immer ausreichend Parkraum (z. B. Tiefgarage) für Bewohner und Besucher zur Verfügung.

### Vorteile Gebrauchtimmobilie

- ▲ Im Regelfall geringerer Preis als eine vergleichbare Neubau-Immobilie in selber Lage
- ▲ Nachbarschaft und soziales Umfeld sind schon vorher bekannt: Oftmals besteht die Chance, seine zukünftigen Nachbarn schon vor dem Kauf kennenzulernen.
- ▲ Meist über Jahrzehnte gewachsene Strukturen, man vermeidet den »sterilen Charme« von typischen Neubau-Gebieten
- ▲ »Man sieht, was man kauft«: Man muss nicht vom Plan weg kaufen, sondern kann die Immobilie »erleben«.
- ▲ Bessere Verhandlungsposition bei Kaufpreisverhandlungen: Gerade in ländlichen Regionen sind »Schnäppchen« möglich.
- ▲ Sofortiger Einzug möglich, keine Wartezeit bis zur Fertigstellung, keine Kosten für Bereitstellungszinsen
- ▲ Kein Risiko durch Insolvenz eines Bauträgers, kein Risiko hinsichtlich eines zugesagten Fertigstellungstermins
- ▲ Qualität von Hausverwaltung und Hausmeister ist leichter zu beurteilen, z. B. durch Blick in die Protokolle von vergangenen Eigentümerversammlungen

# Checkliste: Eigentumswohnung im Erdgeschoss

Bei größeren Neubauprojekten können Sie im Regelfall zwischen einer Vielzahl an Grundrissen wählen. Auch die Frage nach der Lage der Wohnung innerhalb des Gebäudes (Erdgeschoss, Dachgeschoss oder Etage, Südseite oder Nordausrichtung) ist bedeutsam. Im Regelfall sind die Wohneinheiten im Dachgeschoss und meist auch die im Erdgeschoss teurer als die Wohnungen in den Zwischenetagen. Im Folgenden einige Checklisten, die Ihnen die Auswahl der für Sie »richtigen« Wohnung innerhalb einer Wohnanlage erleichtern sollen.

## Vorteile Erdgeschoss

- Erdgeschosswohnungen bieten meist eigenen Gartenanteil (als Sondereigentum).
- Leichtere Erreichbarkeit: kein mühsames Treppensteigen mit Getränkekisten, Einkaufstüten und Kinderwagen
- Keine Abhängigkeit von einem funktionierenden Aufzug
- Besser geeignet zum Halten von Haustieren, da beispielsweise Katzen direkt ins Freie gelangen können
- Keller/Garage sind schnell erreichbar: oftmals direkte Zugangsmöglichkeit zu Garage und Keller von der eigenen Wohnung aus, ohne Umweg über ein gemeinschaftliches Treppenhaus

## Nachteile

- Höhere Einbruchsgefahr
- Weniger Privatsphäre: Je nach Grundstück und Bepflanzung kann jeder vor Ihren Fenstern vorbeilaufen und nach innen sehen.
- Weniger Licht/Sonne: u. U. eingeschränkte Belichtung durch die umliegende Bebauung oder Bepflanzung
- Möglicherweise größere Beeinträchtigung durch Straßenlärm, Autoabgase und Feinstaub als in höher liegenden Wohnungen

## Checkliste: Eigentumswohnung im Dachgeschoss

### Vorteile

- ▲ Oftmals toller Ausblick, »erhabenes« Gefühl, »über den Dingen stehen«
- ▲ Viel Licht, viel Sonne, viel Luft
- ▲ Größtmögliche Privatsphäre
- ▲ Schräge Wände vermitteln Gefühl der Geborgenheit
- ▲ Guter Wiederverkaufswert wegen hoher Nachfrage auf dem Gebrauchtimmobilienmarkt nach diesem Wohnungstyp
- ▲ Knappheit des Angebots: In einer Wohnanlage gibt es viele Etagenwohnungen, aber nur wenige Dachgeschosswohnungen.

### Nachteile

- ▼ Teuer: Dachgeschosswohnungen sind innerhalb eines Gebäudes die teuersten Wohneinheiten (bezogen auf den Quadratmeterpreis).
- ▼ Kein Gartenanteil (Ausnahme: Dachgarten)
- ▼ Schwierige Erreichbarkeit: Treppensteigen bzw. Aufzug fahren nötig, kann im Alter zum Problem werden
- ▼ Aufgrund schräger Wände oft begrenzte Möglichkeit, Möbel zu stellen
- ▼ Für Hunde und Katzen eher ungeeignet

## Checkliste: Reiheneckhaus vs. Reihenmittelhaus

Gerade bei jungen Familien sind Reihenhäuser sehr beliebt – sie ermöglichen ein Leben im eigenen Haus zu einem günstigeren Preis als bei einer Doppelhaushälfte oder gar einem frei stehenden Einfamilienhaus. Bei einer Reihenhausbebauung können Sie im Regelfall zwischen einem Reiheneckhaus und einem Reihenmittelhaus wählen.

### Vorteile Reiheneckhaus

- Mehr Privatsphäre: nur auf einer Seite auf »Tuchfühlung« mit den Nachbarn
- Mehr Tageslicht im Haus, da das Haus von drei Seiten belichtet werden kann
- Im Regelfall größerer Garten
- Besserer Wiederverkauf: Reiheneckhäuser sind gefragter als Reihenmittelhäuser.
- Reiheneckhaus ist eine »gefühlte« Doppelhaushälfte, aber günstiger als eine echte Doppelhaushälfte

### Vorteile Reihenmittelhaus

- Günstigerer Preis als ein Reiheneckhaus
- Bessere Verhandlungsposition, da Reihenmittelhäuser weniger gefragt sind als Reiheneckhäuser
- Geringere Betriebskosten: Die Nachbarn links und rechts heizen praktisch mit.

## Checkliste: Altersgerechte Wohnimmobilien

Wer heute eine neue Eigentumswohnung oder ein neues Haus kauft, sollte von Anfang an darauf achten, dass die Immobilie auch im Alter noch nutzbar ist. Selbst dann, wenn Sie gar nicht planen, Ihre Immobilie länger als fünf bis zehn Jahre selbst zu bewohnen, kann der Punkt »altersgerecht« beim Wiederverkauf oder bei einer späteren Vermietung dennoch eine wichtige Rolle spielen.

Leider gibt es bislang nur wenige Bauträger und Projektentwickler, die diesem Thema die nötige Aufmerksamkeit schenken. Denn oftmals erweisen sich Schlagworte wie »seniorengerecht« eher als Mogelpackung. Das mag sicher daran liegen, dass die klassische Zielgruppe der Käufer von Neubau-Immobilien die junge Familie in der Altersgruppe von 30 bis 40 ist. Ein Alter, in dem sich die meisten Menschen über Themen wie »körperliche Gebrechen« und »chronische Krankheiten« keine Gedanken machen.

Dennoch ist dieses Thema vor dem Hintergrund einer alternden Gesellschaft nicht zu vernachlässigen. Und schon jetzt ist die Nachfrage nach altersgerechtem Wohnraum am Immobilienmarkt höher als das Angebot – gerade in den Ballungsräumen. Ihre Neubau-Immobilie sollte daher zumindest mit geringem Aufwand so umgebaut werden können, dass sie grundsätzlich auch für ältere Menschen nutzbar ist. Nur dann ist die Immobilie wirklich eine geeignete Form der eigenen Altersvorsorge!

### Zentrale Lage

Gerade im Alter spielt die *Lage* der Immobilie eine besonders wichtige Rolle. Während in jungen Jahren größere Distanzen mit Auto oder Fahrrad meist problemlos überwunden werden können, kann dies im vorgerückten Alter mit entsprechenden körperlichen Einschränkungen zu einem echten Problem werden. Alle Dinge des täglichen Bedarfs sollten im Idealfall fußläufig erreichbar sein: Ärzte, Apotheken, Bank, Einkaufsmöglichkeiten, Post und öffentliche Verkehrsmittel.

### Parkplatz

Im Idealfall verfügt das Objekt über überdachte, eigene Parkplätze, am besten in einer Tiefgarage. Eine lange Parkplatzsuche und lange Wege vom Parkplatz zur Wohnung bei »Wind und Wetter« sind im Alter niemandem mehr zuzumuten.

### Aufzug

Für alle Wohnungen, die nicht im Erdgeschoss liegen, ist ein Aufzug wichtig. Niemand schleppt sich im Alter gern über die Treppe – vollgepackt mit schweren Einkaufstaschen – in den 5. Stock zu seiner Dachgeschosswohnung hinauf.

### Keine Schwellen/kein Split-Level

Die Nutzbarkeit einer Wohnung im Alter hängt vor allem von der sog. Barrierefreiheit ab. Unnötige Schwellen, Treppenabsätze und lose Teppiche sind zu vermeiden, da sie im Alter schnell zur Stolperfalle oder zum unüberwindbaren Hindernis werden. Auch die beliebten Split-Level-Lösungen sind alles andere als altersgerecht – und können besonders für Senioren zu einer echten Gefahrenquelle werden.

### Breite Türen und Treppen

Breite Türen, Flure und Treppen erleichtern das Leben im Alter erheblich. Türen und Flure sollten mit einem Rollstuhl befahrbar sein, Treppen mit einem Treppenlift nachgerüstet werden können.

### Großes Badezimmer und WC

Badezimmer, Dusche und WC sollten von Anfang so dimensioniert sein, dass sie auch mit einem Rollstuhl oder einer Gehhilfe nutzbar sind. Zubehör wie spezielle Haltegriffe können später kostengünstig nachgerüstet werden – eine Vergrößerung der Grundfläche ist hingegen meist sehr aufwendig bzw. im Einzelfall gar nicht mehr möglich. Ganz ähnliche Grundsätze gelten auch für Küchen. Unser Tipp: Lieber beim Wohnzimmer auf ein paar Quadratmeter verzichten – zugunsten einer größeren Küche und eines größeren Badezimmers!

### Überdachter und beleuchteter Hauseingang

Ein Hauseingang, der seine Bewohner beim Aufschließen der Haustüre vor Wind und Wetter schützt und nachts ausreichend hell beleuchtet ist, sollte bei allen Neubau-Immobilien eigentlich Standard sein. Spätestens im Alter erweist sich ein Mangel in diesem Bereich als echtes Ärgernis.

### Türöffner mit Videokamera

Gerade ältere Menschen werden häufig Opfer von Trickbetrügern. Darum sollte die Wohnungseingangstür mit entsprechenden Sicherheitseinrichtungen ausgestattet sein. Im Idealfall ist eine Video-Gegensprechanlage installiert, sodass das Öffnen der Eingangstür zunächst gar nicht nötig ist.

### Elektrischer Rollladen

Elektrische Rollläden und andere elektronische Hilfsmittel vereinfachen das Wohnen im Alter und werden auch von jüngeren Bewohnern als komfortabel empfunden.

### Unterhalt/Pflege

Nicht zu unterschätzen ist die Bedeutung des Unterhaltsaufwands. Die Pflege eines großen Gartens sowie die Reinigung von großzügigen Wohnflächen und mehreren Bädern können im Alter schnell zur Last werden. Und nicht jeder kann und möchte sich von seiner Rente dann auch noch Reinigungskraft, Gärtner und andere Helfer leisten.

## **Recherche:** Wer suchet, der findet!

Am Anfang jedes Immobilienkaufs steht die *Suche* nach dem passenden Objekt. Wenn Sie diesen Ratgeber in den Händen halten, wird Ihre grundsätzliche Präferenz wohl in Richtung einer Neubau-Immobilie gehen.

Der Markt für Neubau-Immobilien ist recht unübersichtlich. Alleine im Großraum München gibt es aktuell über 300 Bauträgermaßnahmen mit mehreren tausend Wohneinheiten. Die Unterschiede in Bezug auf Lage, Qualität, Ausstattungsniveau und Preis sind sehr groß. Niemand hat jedoch die Zeit, alle 300 Projekte persönlich in Augenschein zu nehmen und intensive Gespräche mit den Immobilienverkäufern oder -maklern zu führen.

Als erster Schritt empfiehlt es sich daher, eine *Vorauswahl* zu treffen. Diese Vorauswahl wird meist in Bezug auf Lage und Preisniveau stattfinden. Im Regelfall sollten nach der Vorausauswahl etwa fünf bis zehn Projekte übrigbleiben, die in die engere Wahl kommen. Bereits gebaute Objekte können Sie dann vor Ort in Augenschein nehmen. Planen Sie für jede Besichtigung mindestens zwei bis drei Stunden Zeit ein. Idealerweise sollte man eine Immobilie auch zu unterschiedlichen Tageszeiten und Wochentagen besichtigen, um Fragen zu klären wie: Wann und wie lange habe ich auf dem Balkon Sonne? Wie ist die Lärmentwicklung in der direkten Umgebung an einem Werktag? Wie ist die Parkplatzsituation an einem Samstagnachmittag?

## Recherche im Internet

Mehr als 90 Prozent aller Interessenten an Neubau-Immobilien starten ihre Suche im Internet. Das World Wide Web hat die Printmedien längst abgehängt. Die meisten Bauträger sind deshalb mit ihren Projekten im Netz präsent und verfügen fast immer auch über eine eigene Webseite, auf der sie ihre aktuellen Projekte präsentieren.

Einen nahezu vollständigen Marktüberblick über alle aktuellen Neubauprojekte liefert das Portal neubaukompass.de. Die Webseite präsentiert rund 2.000 aktuelle Neubauprojekte in allen deutschen Großräumen. Zudem finden sich bei *neubau kompass* praktisch zu allen Bauträgern und Vermarktern entsprechende *Referenzobjekte*. Hier kann sich jeder Immobilieninteressent selbst ein Bild von der Projekterfahrung des Bauträgers und der Qualität seiner bereits realisierten Bauvorhaben machen.

Internet-Link: www.neubaukompass.de

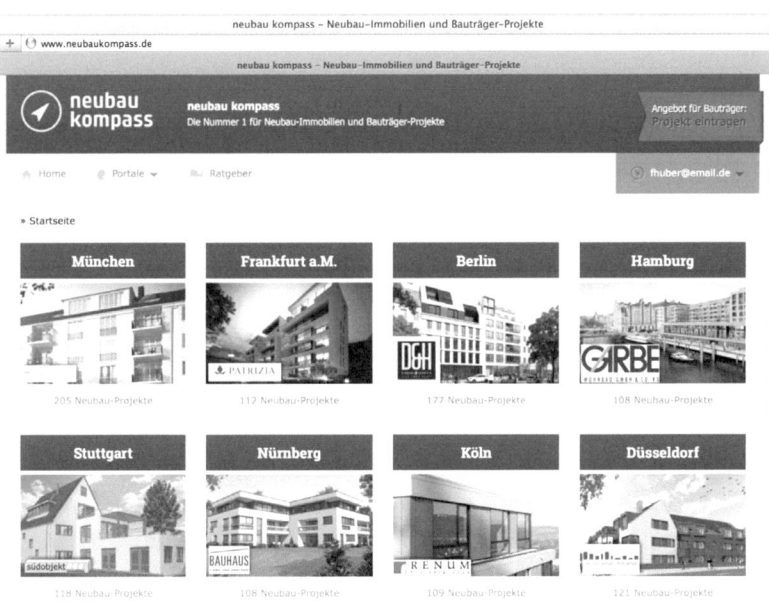

*Screenshot: Webseite www.neubaukompass.de, März 2014*

Entsprechende Bauträgerprojekte finden Sie auch auf den etablierten, marktführenden Immobilienportalen wie ImmobilienScout24, Immonet und Immowelt.

Internet-Links:  www.immobilienscout24.de
                 www.immonet.de
                 www.immowelt.de

### Recherche in Zeitungen

Trotz der mittlerweile überragenden Bedeutung des Internets für die Immobilienvermarktung inserieren viele Bauträger aktuelle Bauprojekte auch in den Printmedien, insbesondere in Tageszeitungen und Immobilienmagazinen, aber auch in den vielen kleinen Anzeigenblättern um gezielt den lokalen Markt anzusprechen. Die Erfahrung zeigt, dass vor allem größere Bauträger dort präsent sind, um große Wohnprojekte mit mehr als 50 Einheiten zu bewerben. Die Recherche in den Printmedien eignet sich ebenfalls gut als erster Einstieg. Die Informationen, die eine Anzeige transportiert, sind in Bezug auf Lage, Bilder und Grundrisse allerdings meist wesentlich weniger umfangreich als im Internet. Fast alle Zeitungen verfügen mittlerweile auch über entsprechende Online-Angebote. Das Immobilienangebot dort ist meist identisch mit dem der Papierausgabe.

### Recherche vor Ort

Zu guter Letzt ist natürlich auch eine Recherche direkt vor Ort möglich. Wenn Sie Ihr Lieblingsviertel in einer Stadt schon gefunden haben, können Sie auch dort nach Baustellen und Bautafeln Ausschau halten. Dies macht vor allem dann Sinn, wenn für Sie nur ein bestimmtes Viertel oder gar nur ein bestimmter Straßenzug in Betracht kommt. Auf diese Weise eine ganze Stadt abzusuchen, ist natürlich wenig effektiv.

**Praxistipp:** Nehmen Sie zu jedem Besichtigungstermin eine Kamera bzw. ein Smartphone mit und fotografieren Sie die Baustelle, die Umgebung, den Garten oder etwa den Parkplatz. Oftmals kann man nach mehreren Besichtigungen die »Bilder im Kopf« gar nicht mehr genau den einzelnen Immobilien zuordnen. Entsprechende Fotos sind dann eine gute Gedächtnisstütze.

# Der Umgang mit dem Bauträger

Der Kauf einer Immobilie ist oftmals die größte und bedeutendste private Investition im Leben. Hinzu kommt, dass im Regelfall unerfahrene Privatleute ausgewiesenen Profis wie Bauträgern oder Maklern mit jahrelanger Vertriebserfahrung gegenüberstehen. Gerade in einer Verhandlungssituation ist Ihnen Ihr Bauträger oder Ihr Makler daher meistens überlegen. Wir haben Ihnen deshalb einige »goldene Regeln« zusammengestellt, damit Sie gut gewappnet in die Gespräche mit den Verkaufsprofis gehen können!

## Goldene Regeln

**Regel 1:** Vieles ist verhandelbar!
Grundsätzlich sind alle Punkte in einem Immobilienvertrag frei verhandelbar (Grundsatz der Vertragsfreiheit), insbesondere natürlich der Kaufpreis, die Ausstattung und der Fertigstellungstermin. Es sei denn, es handelt sich um zwingende gesetzliche Vorgaben (z. B. Formvorschriften). Lassen Sie sich daher nicht von Argumenten wie »das sind die üblichen Standardklauseln«, »das ist alles notariell geprüft« oder »damit hat noch keiner meiner Kunden ein Problem gehabt« zu sehr beeindrucken.

Und: Niemand erwartet, dass ein Immobiliengeschäft in einer halben Stunde »durch verhandelt« ist. Bauträger und Makler sind an lange und zähe Verhandlungen über Wochen gewöhnt.

Erfahrungsgemäß besteht bei Gebrauchtimmobilien hinsichtlich des Verkaufspreises ein größerer Verhandlungsspielraum als bei Neubau-Objekten. Einen möglichen Nachlass von fünf bis zehn Prozent hat der Verkäufer bzw. Makler einer Gebrauchtimmobilie oftmals schon selbst einkalkuliert. Falls die Immobilie in die Kategorie »Ladenhüter« fällt (länger als zwölf Monate am Markt), kann auch ein Nachlass von 15 bis 20 Prozent realistisch sein.

Bei Neubau-Objekten, insbesondere beim Kauf vom Bauträger, sind

Preisnachlässe auf den Listenpreis eher schwer verhandelbar und spielen sich allenfalls in der Größenordnung zwischen ein und drei Prozent ab. Allerdings zeigen sich Bauträger erfahrungsgemäß weitaus verhandlungsbereiter, wenn es um andere Vertragspunkte, wie etwa die zusätzliche Ausstattung, Sonderwünsche oder beispielsweise die Garantie des Fertigstellungstermins, geht.

Eine gute Strategie kann deshalb sein, den aufgerufenen Listenpreis an sich zu akzeptieren, dafür bei anderen Punkten entsprechend härter nachzuverhandeln.

Noch ein Tipp: Wenn Sie nicht mit dem Verkäufer direkt verhandeln, sondern mit seinem Makler, so versuchen Sie, sofern Sie die Provision des Maklers bezahlen müssen, nie, diese herunterzuhandeln. Es ist psychologisch unklug, nach dem Motto vorzugehen: »Der Kaufpreis an sich ist ja okay, aber ich bin nicht bereit, obendrauf auch noch Ihre Provision zu bezahlen.« Machen Sie den Makler vielmehr zu Ihrem Verbündeten, indem Sie seinen Provisionsanspruch als selbstverständlich akzeptieren. Er wird dann eher bereit sein, Ihre Wünsche (z. B. einen niedrigeren Kaufpreis) gegenüber dem Verkäufer durchzusetzen.

**Regel 2:** Lassen Sie sich nicht unter Druck setzen.

Fakt ist: Der Immobilienmarkt in den zentralen Lagen der Großstädte boomt. Dennoch dauert es bei machen Objekten oftmals Monate, bis sich ein ernsthafter Interessent findet. Gerade in weniger attraktiven Lagen – außerhalb der Metropolen – werden Objekte selten direkt »vom Plan weg« verkauft, oftmals gibt es bei Bauträgerobjekten auch Monate nach der Fertigstellung noch unverkaufte Einheiten.

Selbstverständlich wird Ihr Bauträger oder Makler dies nicht zugeben. So wird man Sie vielleicht auf die eine oder andere Weise unter Druck setzen: »Gerade für diese Südwest-Wohnung gibt es bereits zahlreiche Interessenten«, »mein Gesprächspartner von heute Vormittag hat quasi schon zugesagt«, »ich konnte für Sie gerade noch unseren letzten freien Notartermin reservieren« oder auch »im nächsten Monat müssen wir die Listenpreise anheben«.

Manchmal werden in den entsprechenden Preislisten einige Objekte als »reserviert« gekennzeichnet, um potenziellen Interessenten einen gewissen »Run« auf das Objekt vorzugaukeln.

Es geht um Ihre Zukunft und um Ihr Geld: Lassen Sie sich deshalb zu Ihrer eigenen Sicherheit mit der Unterzeichnung des Kaufvertrags genug Zeit, bis wirklich alle offenen Fragen für Sie geklärt sind. Selbst ein bereits vereinbarter Notartermin kann schließlich verschoben werden. Auch wenn Ihr Vertragspartner wenig Verständnis zeigen sollte: Es ist Ihr gutes Recht, sich über alle Belange rund um Ihre potenzielle neue Immobilie genau zu informieren. Lassen Sie sich keinesfalls darauf ein, dass die »wenigen offenen Detailfragen« ja in Ruhe *nach* dem Notartermin geklärt werden könnten. Augen auf beim Risiko!

**Regel 3:** Rat von unabhängigen Fachleuten einholen

Eine *unabhängige* Beratung mag teuer sein, aber was sind 1.000 oder auch 2.000 Euro, wenn Sie eine halbe Million Euro in ein Objekt investieren wollen? Das Entscheidende ist, dass Sie selbst den entsprechenden Berater aussuchen und diesen selbst bezahlen. Nur so stellen Sie sicher, dass der Berater Ihre Interessen verfolgt und nicht in Interessenskonflikte verstrickt ist. Ihr Auftrag, Ihre Interessen! Bitten Sie Ihren Bauträger um eine möglichst frühzeitige Übersendung des Kaufvertragsentwurfs (am besten per E-Mail im Word-Format). Besprechen Sie den Vertragsentwurf mit einem auf Baurecht spezialisierten Rechtsanwalt. Nehmen Sie entsprechende Korrekturen und Änderungswünsche direkt im Text des Kaufvertrags vor. Nur so stellen Sie sicher, dass die Gegenseite nicht eine scheinbar zugestandene Verhandlungsposition durch eine entsprechend »weiche« Formulierung im endgültigen Kaufvertrag dann doch wieder aushebelt.

Ein Rechtsanwalt wird insbesondere einen genauen Blick auf die Baubeschreibung werfen. Oftmals ist diese relativ unpräzise und lässt dem Bauträger viel Gestaltungsspielraum. Formulierungen in der Baubeschreibung wie »Markenprodukt«, »gehobene Ausstattung«, »erstklassig«, »umweltschonend« oder »hochwertig« kommen von der Marketingabteilung des Bauträgers und sind im Regelfall nicht gerichtsverwertbar. Bei allen wesentlichen Elementen (Türen, Fenster, Heizung/Sanitär, Bodenbeläge, Bäder) sollten exakt die Produkt- und Herstellerbezeichnungen angegeben sein (z. B. Fenster Internorm Dimension 4+, WK2). Abzuraten ist auch von Formulierungen wie »oder gleichwertig« und »oder ähnlich«. Wer weiß schon, was »gleichwertig« oder »ähnlich« im Einzelfall wirklich heißt?

Denken Sie daran: Je exakter die Baubeschreibung, desto weniger Probleme entstehen zwischen Bauträger und Käufer. Und: Lieber vorher etwas länger und intensiver verhandeln als hinterher jahrelang vor Gericht streiten. Das ist für beide Seiten die bessere Lösung!

Beim Kauf einer *gebrauchten* Immobilie empfiehlt sich auf jeden Fall die Beauftragung eines Bausachverständigen, der eine Bewertung des Objektes vornimmt und Sie gegebenfalls auf gravierende Mängel aufmerksam macht (z. B. feuchter Keller, maroder Dachstuhl, mangelhafte Isolierung). Ein externer Fachmann kann eine gute und fundierte Informationsbasis für die Verhandlungen mit dem Verkäufer liefern.

Bei Neubauten empfiehlt es sich ebenfalls, einen Bausachverständigen hinzuzuziehen. Dabei geht es weniger darum, irgendwelche Schönheitsmängel (z. B. abgeblätterte Farbe, abstehende Leiste, kleine Kratzer im Parkett) zu finden, sondern darum, wirklichen Mängeln wie grundsätzlichen Fehlern bei der Wärmedämmung oder bei der Gas-/Wasserinstallation auf die Spur zu kommen.

Denken Sie an den Spruch der Bauleute: »Nach der Abnahme ist *vor* den Mängeln«. Das heißt, die meisten Mängel werden Sie wohl erst entdecken, wenn Sie bzw. Ihr Mieter das Objekt einige Wochen bewohnt haben.

Zu guter Letzt: Vertrauen Sie bei Gesprächen mit den Vertretern bestimmter Berufsgruppen nicht allzu sehr auf eine objektive Beratung unter Berücksichtigung *Ihrer* Interessen. Diese können Ihnen einige wertvolle Tipps geben und viele möchten Sie auch wirklich seriös unterstützen. Aber es gibt auch schwarze Schafe, und bedenken Sie bei den Gesprächen stets auch den latenten Interessenskonflikt: Sie möchten eine transparente Beratung und das Beste für sich – Makler möchten möglichst schnell ihre Provision verdienen und auch Ihr Bankberater erhält für Kreditverträge eine lukrative Provision, sodass sein Rat und sein Finanzierungsangebot sicherlich nicht gerade uneigennützig und neutral sind. Und selbst der Notar ist gesetzlich zwar zur Neutralität verpflichtet, im Umkehrschluss aber auch nicht wirklich ein Vertreter Ihrer Interessen. Vergessen wir den Bauträger nicht! Dieser möchte möglichst schnell sein Objekt verkaufen, was ja auch legitim ist.

**Regel 4:** Vertragsstrafe, wenn Fertigstellungstermin nicht eingehalten

Stellen Sie sich folgende Situation vor: Nach langem Suchen haben Sie Ihre Traumwohnung gefunden, der Preis ist akzeptabel, die Lage gut. Der Bauträger verspricht eine Fertigstellung »innerhalb der nächsten zwölf Monate«. Doch nach einiger Zeit kommt das böse Erwachen: Die Fertigstellung verzögert sich, der Bauträger argumentiert mit »schlechtem Wetter« oder »Problemen mit Sub-Unternehmen«. Hintergrund ist meist ein nur schleppender Abverkauf, in der Praxis häufig anzutreffen bei Objekten mit 50 oder mehr Wohneinheiten. Oftmals gibt es hier Verzögerungen des ursprünglich geplanten Fertigstellungstermins.

Das Ergebnis ist, dass Sie ein halbes Jahr länger auf den Einzug warten müssen. Was bedeutet diese Verzögerung finanziell für Sie? Sie müssen ein halbes Jahr länger Ihre Miete bezahlen und parallel dazu auch schon für Zins und Tilgung an Ihre Bank aufkommen. Über Monate haben Sie also eine echte Doppelbelastung. Hier kommt schnell eine fünfstellige Summe an zuvor nicht kalkulierten Kosten zusammen.

Unabdingbar in jedem Kaufvertrag über eine Immobilie, die noch nicht fertiggestellt ist, ist deshalb eine Klausel, die die Folgen einer verspäteten Fertigstellung regelt.

Eine solche Klausel könnte zum Beispiel so aussehen:

*Ist die Bezugsfertigkeit im Sinne von Abschnitt x.x dieser Urkunde nicht bis zum 31.03.2016 erfolgt, so ist der Veräußerer ab 01.04.2016 verpflichtet, an den Käufer zeitanteilig einen Betrag von EUR 800,– monatlich zu zahlen, längstens jedoch bis zur Bezugsfertigkeit. Dieser Betrag ist jeweils bis zum dritten Werktag des Folgemonats für den Vormonat zur Zahlung fällig.*

Als Höhe des Schadenersatzes wird im Regelfall die ortsüblich zu erzielende Nettomiete für das Objekt zugrunde gelegt. Falls sich der Bauträger auf eine solche (oder ähnliche) Regelung nicht einlässt, sollten Sie Abstand von einem Kauf nehmen, denn der Bauträger glaubt dann offenbar selbst nicht an seinen zugesagten Fertigstellungstermin. Ansonsten hätte er ja keine Probleme, diese Regelung zu akzeptieren. Seit Kurzem ist übrigens ein Urteil rechtsgültig, das Bauträger in die Pflicht nimmt, wenn es um massive Verzögerungen geht (BGH, Aktenzeichen VIII ZR 172/13).

**Regel 5:** Verhandlungen auf Augenhöhe!

Bauträger sind anfangs oft misstrauisch, was die Bonität der Kaufinteressenten betrifft. Denn nicht selten tritt folgender Fall ein: Nehmen wir an, nach Wochen und Monaten der intensiven und mühevollen Verhandlungen konnten nun auch noch die letzten Details der Baubeschreibung und der Ausstattung geklärt werden. Man ist sich also nach zahlreichen Verhandlungsrunden endlich handelseinig geworden.

Vor dem anstehenden Notartermin möchten Sie noch die endgültige Finanzierungszusage Ihrer Bank einholen. Nun kommt das böse Erwachen: Es stellt sich heraus, dass Sie sich aus der Sicht Ihrer Bank mit Ihrem Wunschobjekt übernehmen würden und dass eine Finanzierung in der angestrebten Größenordnung nicht möglich ist. Kleinlaut informieren Sie Ihren Bauträger, dass sich die »Sache leider erledigt« hat.

Genau diese Situation erleben Bauträger regelmäßig. Viel häufiger als man denkt! Gerade kaufmännische Laien überschätzen häufig ihre finanzielle Leistungsfähigkeit. Um mit Ihrem Verhandlungspartner auf Augenhöhe zu verhandeln, sollten Sie frühzeitig Ihre Finanzierung sichern und auch kommunizieren bzw. nachweisen, dass die Finanzierung des Kaufpreises in der geplanten Höhe kein Problem darstellt. Nur so wird man Sie als ernsthaften Interessenten behandeln und Ihnen eine entsprechende Beratung zukommen lassen.

Sie können natürlich von einem hohen Einkommen und Ihrem tollen Job berichten oder auf die hohe Erbschaft von Tante Erna hinweisen. Besser ist es allerdings, Ihrem Verhandlungspartner unaufgefordert eine entsprechende Bonität nachzuweisen. Dies kann z. B. eine schriftliche Finanzierungsbestätigung Ihrer Bank sein oder einfach eine Kopie Ihres Konto- oder Depotauszugs.

Durch dieses Vorgehen stärken Sie Ihre Verhandlungsposition und Sie heben sich damit entscheidend von den »Möchtegern-Immobilienkäufern« und »Sonntagnachmittag-Baustellen-Besuchstouristen« ab, die leider zum Alltag der Bauträger gehören, aber nur Zeit und Geld kosten.

**Regel 6: Sprechen Sie mit anderen Interessenten und Käufern**

Selbstverständlich haben Sie sich vor dem Immobilienkauf ausführlich informiert, haben Bücher und Fachzeitschriften gewälzt und unzählige Immobilienseiten im Internet gegoogelt.

Aber: Eine der wichtigsten Informations- und Erfahrungsquellen sind andere Interessenten und Käufer. Sehen Sie diese nicht (nur) als »Mitbewerber« in Sachen Traumimmobilie, sondern als zusätzliche Informationsquelle. Denn diese Menschen befinden sich in einer ähnlichen Situation wie Sie und können Ihnen vielleicht eine gute Einschätzung zu Ihrer konkreten Wunschimmobilie und zu Ihrem konkreten Bauträger geben.

Diese Urteile sind natürlich subjektiv, aber das Einholen einer zweiten und dritten Meinung hat noch nie geschadet. Wie beurteilen andere Leute die Lage des Objektes? Das Ausstattungsniveau? Kennen diese die nächtlichen Lärmbeeinträchtigungen? Gibt es Aspekte, die Sie bislang völlig übersehen haben? Wie liefen die Verhandlungen mit dem Bauträger? Zu welchen Zugeständnissen war er bereit? Wo beißt man voraussichtlich auf Granit? Informationen zu diesen Punkten können Gold wert sein und Ihnen viel Geld sparen oder Sie sogar vor einer großen Fehlentscheidung bewahren.

Zudem können Sie so auch Ihre zukünftigen Nachbarn und Miteigentümer kennenlernen und für sich selbst entscheiden, ob Sie sich in diesem Umfeld später wohlfühlen werden.

Also: Versuchen Sie mit anderen Interessenten/Käufern in Kontakt zu kommen, beispielsweise bei den sonntäglichen Besichtigungsterminen, bei »Tagen der offenen Tür« oder beim Richtfest des Bauträgers.

Zeigen Sie hier keine falsche Scheu. Die meisten Menschen sind recht auskunftsfreudig und geben ihr Wissen und ihre Erfahrungen gerne an andere weiter.

**Regel 7: Bauträger sind besser als ihr Ruf!**

Bauträger und Makler haben in Deutschland einen schlechten Ruf. Fast jeder kennt aus seinem privaten Umfeld entsprechende Anekdoten, in denen es um negative Erlebnisse mit diesen Berufsgruppen geht. Machen Sie sich aber immer Folgendes bewusst: Auf der einen Seite träumt der Käufer von seinem »Luxusreihenhaus in Bestlage« zum günstigen Preis, das über Generationen vererbt werden soll. Auf der anderen Seite steht der Bauprofi, der unter Zeit- und Kostendruck Projekte realisieren muss, um sein eigenes wirtschaftliches Überleben – und das seiner Mitarbeiter – zu sichern.

Das »beste Objekt« zum »niedrigsten Preis« gibt es nicht. Nicht alles kann perfekt sein. Es wird letztendlich immer ein Kompromiss nötig sein – mit Abstrichen bei Preis, Lage, Qualität oder Ausstattung. Selbstverständlich sollte der Kompromiss für Sie angemessen und akzeptabel sein.

Außerdem: Die *mangelfreie* Immobilie gibt es nicht, und wer erwartet, dass billige Handwerker immer Spitzenqualität abliefern, ist selbst schuld. Der einfache Grundsatz »Qualität kostet« gilt nirgendwo so sehr wie in der Bau- und Immobilienbranche.

Wie in jeder Branche gibt es einige schwarze Schafe. Wenn man die Ausführungen von Laien in den diversen Internetforen liest, kann man jedoch schnell den (falschen) Eindruck gewinnen, dass alle Bauträger unseriös arbeiten. Gerade in der Immobilienbranche gibt es jedoch zahlreiche mittelständische Familienunternehmen, die seit Jahrzehnten erfolgreich am Markt agieren – zur Zufriedenheit ihrer Kunden. Auch diese Betriebe leiden unter dem schlechten Ruf der Branche, verursacht durch die wenigen wirklich schwarzen Schafe am Markt.

## Checkliste: Guter Bauträger

Wie finde ich einen Bauträger mit Qualität? Woran erkenne ich, dass mein Bauträger eine zuverlässige und hochwertige Leistung erbringt, termintreu und sorgfältig arbeitet und auch finanziell solide aufgestellt ist?

Gerade für Immobilienlaien sind diese sehr wichtigen Fragen oft schwierig zu beantworten. Anbei präsentieren wir Ihnen eine kleine Checkliste, die Ihnen helfen soll, gute von schlechten Bauträgern zu unterscheiden.

- ▶ Besichtigung von bereits fertiggestellten Objekten des Bauträgers (Referenzobjekte recherchierbar im Internet, z.B. auf www.neubaukompass.de oder auf den eigenen Webseiten der Bauträger)
- ▶ Meinungen und Erfahrungen von Käufern/Bewohnern bisheriger Projekte einholen
- ▶ Mängelbeseitigung: Welche Erfahrungen haben bisherige Käufer gemacht? Wurden auftretende Mängel schnell und zuverlässig beseitigt oder waren monatelange Auseinandersetzungen nötig?
- ▶ Historie des Unternehmens: Wie lange ist der Bauträger schon am Markt tätig? Wie viele Projekte hat der Bauträger bisher erfolgreich realisiert?
- ▶ Allgemeiner Ruf des Unternehmens: Kennen Sie einen Architekten für Wohnimmobilien? Fragen sie ihn nach der Firma! Was findet man im Internet oder in alten Zeitungsartikeln über deren Projekte oder das Unternehmen?
- ▶ Baubegleitende Qualitätssicherung durch unabhängige Dritte (z.B. TÜV, Dekra)
- ▶ Einholung einer Bankauskunft

**Praxistipp:** Das Internet ist ein großartiges Informationsmedium. Schauen Sie aber besonders hier genau hin. Überlegen Sie, wie vertrauenerweckend und zuverlässig die Quelle ist, aus der eine bestimmte Information stammt. Ist der lobende Text das Produkt einer Werbeagentur? Wird im Negativbericht wirklich nachvollziehbar und objektiv argumentiert? Gerade in Diskussionsforen rund um Bau und Immobilien werden viel Halbwissen und Unsinn verbreitet.

Auch scheinen einzelne Käufer einen privaten Rachefeldzug gegen »ihren« Bauträger im Internet zu führen. Wer dann genauer recherchiert, muss oftmals feststellen, dass es nur um einige Bagatellmängel ging, an denen die Emotionen hochgekocht sind. Die zuverlässigste Quelle zur Beurteilung der Qualität eines Bauträgers ist das persönliche Gespräch mit Käufern und Bewohnern bisheriger Projekte des Bauträgers.

## Qualität der Hausverwaltung

Die Verwaltung des Wohnungseigentums erfolgt im Regelfall durch einen *Hausverwalter*. Dieser wird von der Gemeinschaft der Wohnungseigentümer bestellt, für eine Dauer von höchstens fünf Jahren. Bei der Neugründung von Wohnungseigentum ist die Bestellfrist für den Verwalter auf maximal drei Jahre begrenzt worden. Dies macht vor allem deshalb Sinn, da bei Neubau-Immobilien die Auswahl des ersten Hausverwalters meistens durch den Bauträger selbst erfolgt und noch nicht durch die (neuen) Wohnungseigentümer.

Die Rechte und Pflichten des Hausverwalters werden im Verwaltervertrag geregelt, insbesondere auch das Honorar des Verwalters.

Der Hausverwalter kümmert sich um alle Belange der Eigentümergemeinschaft, etwa um die konkrete Durchführung der von der Eigentümerversammlung gefassten Beschlüsse, die Instandhaltungsmaßnahmen für das Gemeinschaftseigentum, die Erstellung der Betriebskostenabrechnung und vieles mehr. Die Qualität des Hausverwalters spielt eine wesentliche Rolle für den Werterhalt Ihres Eigentums – ein Faktor, der meistens unterschätzt wird. Selbst in der einschlägigen Literatur rund um Wohnimmobilien findet sich nur wenig zu diesem Thema.

Immobilieninteressenten investieren berechtigterweise viel Zeit und Energie in die Auswahl des richtigen Bauträgers – das Thema »Hausverwaltung« taucht für die meisten Immobilienbesitzer erst dann auf dem Radarschirm auf, wenn das »Kind schon in den Brunnen gefallen« und die Wohnanlage über Jahre oder gar Jahrzehnte heruntergewirtschaftet worden ist.

Ob das Gemeinschaftseigentum auch nach zehn oder fünfzehn Jahren noch technisch in Ordnung und gut gepflegt ist, hängt zum Großteil von der *Qualität der Hausverwaltung* ab. Wer hier an jemanden gerät, der nur Dienst nach Vorschrift macht oder das Ganze eher als Hobby betreibt, wird zu einem späteren Zeitpunkt die Quittung für Versäumnisse und Fehler bekommen: Ein Weiterverkauf oder eine Vermietung wird nur mit entsprechenden Abschlägen möglich sein. Denn eine schlecht gepflegte oder gar heruntergekommene Wohnanlage erkennt selbst der Laie auf den ersten Blick!

> **Praxistipp:** Fragen Sie Ihren Bauträger, welche Hausverwaltung er ausgewählt hat. Lassen Sie sich vom Hausverwalter dann entsprechende Referenzen nennen und nehmen Sie die entsprechenden Objekte selbst in Augenschein – oftmals sind schon wild überkritzelte Klingelschildchen oder ein verschmutzter Eingangsbereich ein erstes Indiz dafür, dass man es bei der Bewirtschaftung des Objekts nicht so genau nimmt.

Fein raus ist hier der Käufer eines Einzelhauses. Hier gibt es keine Eigentümergemeinschaft und damit auch keine entsprechenden Abhängigkeiten und Konflikte. Die Verwaltung erledigt der Hausherr selbst, nach eigenen Vorstellungen.

# Die Finanzierung der Immobilie

Die meisten Käufer einer Immobilie können den Kaufpreis nicht aus *eigenen* Mitteln begleichen, sondern benötigen zur Finanzierung einen Kredit (Fremdkapital). Im Regelfall wird der Kaufpreis aus einem Mix von Eigen- und Fremdkapital finanziert.

Da die Immobilie kein Konsumgut wie etwa eine Urlaubsreise oder ein neues Auto darstellt, sondern im Regelfall recht wertbeständig ist, erhält man bei der Finanzierung wesentlich günstigere Zinsen als etwa für einen Urlaub. Die Bank lässt sich als Sicherheit ein Grundpfandrecht in Form einer Grundschuld auf das Grundstück eintragen.

## Die sieben größten Fehler bei der Baufinanzierung

Auch bei der Baufinanzierung kann man einige Dinge falsch machen – und in Anbetracht der langen Laufzeit der Kreditverträge von zehn bis 20 Jahren ist jeder Fehler in diesem Bereich besonders ärgerlich und kann richtig teuer werden. Wir haben deshalb häufige Fehler beim Thema »Immobilienfinanzierung« für Sie zusammengestellt.

**Fehler 1:** Die Gesamtkosten zu niedrig kalkulieren

Ein häufiger Fehler bei der Baufinanzierung ist, die Gesamtkosten – und damit den Kapitalbedarf – zu niedrig zu kalkulieren. Oftmals werden einige Positionen schlichtweg übersehen. Neben dem eigentlichen Kaufpreis der Immobilie gibt es noch eine Vielzahl an Nebenkosten, Gebühren, Steuern und sonstige Ausgaben, die auf den neuen Immobilienbesitzer zukommen.

An folgendem Beispiel möchten wir eine typische Kalkulation für eine 3-Zimmer-Wohnung (Neubau, Erdgeschoss) veranschaulichen:

| | |
|---|---|
| Kaufpreis 3-Zimmer-Wohnung *(Listenpreis Bauträger)* | € 289.000,– |
| Aufpreis für Sonderwünsche *(z. B. Parkett statt Teppich)* | € 5.000,– |
| Tiefgaragenstellplatz *(Kauf ist meist verpflichtend)* | € 10.000,– |
| Maklergebühren *(entfallen i. d. R. bei Kauf v. Bauträger)* | € 0,– |
| Grunderwerbsteuer *(3,5 Prozent des Kaufpreises, in Bayern)* | € 10.700,– |
| Gebühren Notar und Grundbuchamt *(rund 1,5 Prozent des Kaufpreises)* | € 4.600,– |
| Gebühren Eintragung Grundschuld *(bei 250.000 € Kredit)* | € 500,– |
| Bereitstellungszinsen Bank *(für sechs Monate)* | € 1.000,– |
| Neue Küche/Küchengeräte *(Küche i. d. R. nicht im Kaufpreis enthalten)* | € 10.000,– |
| Ausstattung neue Wohnung *(z. B. Vorhänge, Lampen)* | € 3.000,– |
| Garten anlegen | € 2.000,– |
| Umzug in neue Wohnung | € 1.000,– |
| Renovierung der alten Wohnung | € 1.000,– |
| Gebühren Sachverständiger/Beratung | € 1.000,– |
| **Gesamt:** | **€ 338.800,–** |

Aus ursprünglich 289.000 Euro Listenpreis für die neue 3-Zimmer-Wohnung sind somit bis zum Einzug 338.800 Euro Gesamtkosten geworden.

Gehen Sie bei Ihrer Kalkulation immer von diesen Gesamtkosten aus, nicht vom Listenpreis der Wohnung, wie er in Anzeigen und Prospekten der Bauträger angegeben ist.

Aus unserer Erfahrung gilt die Faustformel:

> Listenpreis der Wohnung + 15% = tatsächliche Gesamtkosten

Auch bei einem kurzfristigen Wiederverkauf der Wohnung (z. B. Ehescheidung, Arbeitslosigkeit) sind die mit dem Kauf der Wohnung verbundenen Nebenkosten auf jeden Fall verloren, in unserem Beispiel oben immerhin über 40.000 Euro! Hinzu kommt in diesem Fall auch eine »Vorfälligkeitsentschädigung« der Bank, da die Immobilienfinanzierung nicht über die vereinbarte Laufzeit läuft, sondern vorher beendet wird. Lassen Sie sich nicht blenden: Auch bei stabilen Immobilienpreisen ist ein kurzfristiger Verkauf der Wohnung *immer* mit einem erheblichen finanziellen Verlust verbunden. Aus einem vermeintlich risikolosen Immobilieninvestment kann so schnell ein echter »Klotz am Bein« werden.

Zu den Einmalkosten einer Immobilie kommen die laufenden Unterhaltskosten. Dies sind nicht nur die Nebenkosten, die man als Mieter gewöhnt ist, sondern auch zusätzliche laufende Kosten, die vom Eigentümer der Immobilie getragen werden müssen (sog. nicht umlagefähige Kosten).

Die größten Positionen sind hier die Gebühren für die Hausverwaltung und die Instandhaltungsrücklage für das Gemeinschaftseigentum. Diese werden im Regelfall durch die Hausverwaltung über das monatliche Wohngeld abgerechnet. Auch für das Sondereigentum (also für die Wohnung an sich) sollten Sie selbst eine entsprechende Rücklage für spätere Instandsetzungen bilden. Rechnen Sie hier mit zusätzlich mindestens einem Euro pro Quadratmeter Wohnfläche und pro Monat.

**Fehler 2:** Zu wenig Eigenkapital

Ohne Eigenkapital geht es nicht. Wohin Immobilienfinanzierungen ohne Eigenkapital führen können, hat uns die weltweite Finanzkrise des Jahres 2009 vor Augen geführt. Diese risikoreichen 100-Prozent-Finanzierungen an nicht ausreichend oder wenig solvente Käufer waren vor allem in den USA weit verbreitet. In Deutschland hat man sich traditionsbedingt hier eher an das kaufmännische Vorsichtsprinzip gehalten:

Finanzierungen nur für solvente Kunden mit ausreichend Eigenkapital. Genau deshalb hatten wir in Deutschland auch »nur« eine Finanzkrise, aber im Gegensatz zu den USA *keine* Immobilienkrise. Auch auf dem Höhepunkt der Krise blieben die Immobilienpreise hierzulande stabil, wohingegen in den USA in vielen Regionen ein Wertverlust von über 30 Prozent zu verzeichnen war.

Zurück zum Thema Eigenkapital: Wir empfehlen eine Eigenkapitalausstattung von mindestens 20 Prozent des Kaufpreises der Immobilie. Alle weiteren Kosten (siehe Fehler 1) sollte der Immobilieninteressent ebenfalls aus eigener Tasche tragen können.

Ein Eigenkapital von mindestens 20 Prozent hält die monatliche Belastung überschaubar und verringert das Risiko eines Immobilieninvestments. Zudem stärkt ein solides Eigenkapitalpolster die Verhandlungsposition gegenüber der Bank (siehe Fehler 6).

**Fehler 3:** Eigenkapitalzinsen nicht in die Kalkulation einbeziehen

Beim Vergleich der Kosten für die eigene Immobilie mit den Ausgaben für eine gemietete Wohnung wird in den diversen »Musterrechnungen« und »Kalkulationsbeispielen« häufig ein entscheidender Fehler gemacht: Bei den Kosten der eigenen Immobilie werden die *Eigenkapitalzinsen* unter den Tischen fallen gelassen. Ein teurer Rechenfehler!

### Hierzu folgendes Beispiel

Zum Erwerb einer Immobilie ist Eigenkapital erforderlich. Gehen wir zum Beispiel von 80.000 Euro aus. Diese 80.000 Euro liegen natürlich nicht bei Ihnen zu Hause unter dem Bett, sondern sind meistens als Festgeld, Sparbrief oder in einem Wertpapierdepot angelegt. Dort wirft das Geld jährliche Zinsen oder Dividenden ab. Gehen wir von vier Prozent pro Jahr aus. Nach Steuern ergibt sich dann eine jährliche Rendite von drei Prozent.

Also: EUR 80.000,– Kapital x 3 % Rendite = EUR 2.400,–
Ertrag pro Jahr

Sobald Sie diese 80.000 Euro als Eigenkapital in Ihre eigene Immobilie stecken, kann das Geld natürlich keine Zinsen und Dividenden mehr abwerfen. Sie verzichten also auf 2.400 Euro pro Jahr bzw. 200 Euro pro Monat.

Diese 200 Euro pro Monat müssen Sie dann natürlich als Kosten der eigenen Immobilie in Ihre Vergleichsrechnung mit einbeziehen und dürfen sie nicht einfach unter den Tisch fallen lassen. Sie müssen sie damit zu den Kreditraten an die Bank und den laufenden Bewirtschaftungskosten hinzuaddieren. Nur dann haben Sie eine »ehrliche«, transparente Vergleichsgröße zwischen einer gemieteten Immobilie und einem Eigenheim.

**Fehler 4:** Nur bei der Hausbank ein Angebot einholen

Wer eine Baufinanzierung möchte, muss »die Hosen runterlassen«, muss also seine Einkommens- und Vermögensverhältnisse vollständig offenlegen – oftmals nicht nur die eigenen, sondern auch gleich die des Lebens- oder Ehepartners.

Am einfachsten erscheint deshalb der Weg zu Ihrer Hausbank. Diese betreut den Kunden meist seit vielen Jahren, hat schon Einblick in die Einkommenssituation, weiß von anderen Verbraucherkrediten und kann selbst auf einen Blick sehen, wie viel Eigenkapital (z. B. im Wertpapierdepot) vorhanden ist.

Doch Achtung: Banken *beraten nicht*, auch nicht die Hausbank. Banken *verkaufen*. Auch Baugeld. Und für jede vermittelte Baufinanzierung erhält Ihr »Berater« eine ordentliche Provision von seinem Arbeitgeber.

Deshalb: Vergleichen Sie die Konditionen von verschiedenen Anbietern (Hausbank, andere Bankhäuser, Internetbanken, Internetvermittler). Lassen Sie sich zusätzlich auch von banken- und versicherungsunabhängig arbeitenden Finanzierungsberatern ein Darlehensmodell ausarbeiten. Die Unterschiede unter all diesen genannten Dienstleistern sind oft beträchtlich. Und selbst ein kleinerer Zinsunterschied kann sich im Laufe der Jahrzehnte auf einen fünfstelligen Betrag hochsummieren, den Sie zu viel bezahlen.

Auch wenn das Einholen der einzelnen Angebote oft mühsam und aufwendig ist, da Sie für ein konkretes Angebot zahlreiche Unterlagen und Nachweise zusammenstellen müssen: Es lohnt sich, nicht gleich das erstbeste Angebot zu unterschreiben.

Auch das Argument, dass nur über die Hausbank staatliche KfW-Förderprogramme (siehe Fehler 7) in Anspruch genommen werden können, sticht nicht. Die Kombination der Baufinanzierung mit entsprechenden Förderprogrammen wird mittlerweile auch von den vielen Internetbanken und Internetvermittlern angeboten.

Achten Sie bei allen Angeboten zudem auf die richtigen Vergleichs- und Bezugsgrößen: Nominalzins, Effektivzins, Höhe der Restschuld beim Auslaufen der Zinsbindung und Höhe der monatlichen Raten.

**Fehler 5:** Sich von »Super-niedrig-Zinsen« im Internet locken lassen

Die Offerte klang verlockend: Das Zinsangebot auf dem blinkenden Werbebanner des Online-Anbieters schien unglaublich günstig. Die Überraschung kommt dann zwei Wochen später: Nachdem mühsam alle Unterlagen zusammengestellt worden sind, liegt der Zinssatz im verbindlichen Angebot des Internetvermittlers dann doch erheblich über dem, was ursprünglich beworben wurde.

Der Zinssatz ist von vielen Faktoren abhängig, unter anderem von der Bonität des Kunden. Und die besten Konditionen gibt es nur für Kunden mit der höchsten Bonität. Das sind meist die, die eigentlich gar keine Finanzierung bräuchten, da sie in der bequemen Situation sind, die gesamte Immobilie auch vollständig mit eigenen Mitteln bezahlen zu können. Für alle anderen gibt es gewisse Aufschläge auf den Zinssatz, die vor allem vom individuellen Risikoprofil des Kunden abhängen.

Dennoch lohnt es sich, von mindestens einem Internetanbieter bzw. Internetvermittler ein Finanzierungsangebot einzuholen. Unserer

Erfahrung nach sind die Internetangebote im Regelfall ein paar Zehntelprozent günstiger als die Modelle einer traditionellen Hausbank.

**Fehler 6:** Konditionen nicht nachverhandeln

Auch wenn Ihr Finanzierungs*berater* – besser spricht man wohl vom Finanzierungs*verkäufer* – Formulierungen wie »letztes Angebot«, »Standardklauseln«, »Grenze des Möglichen« usw. in den Mund nimmt: Alles ist verhandelbar! Oftmals lassen sich so noch ein paar Zehntelprozentpunkte beim Nominalzins rausholen, zumindest die Bereitstellungszinsen wegverhandeln oder jährliche Sondertilgungsrechte vereinbaren.

Wer hier als Kunde nicht den Mund aufmacht und gezielt nach besseren Konditionen fragt, ist selbst schuld.

Die Bank möchte mit Ihnen Geld verdienen und der Finanzierungsberater möchte seine Provision bekommen. Der Druck, zu einem Abschluss zu kommen, ist deshalb bei der Bank mindestens genauso groß wie bei Ihnen als Kreditnehmer.

Ihre Verhandlungsposition ist natürlich umso größer, je besser Ihre Bonität ist. Gerade Kunden mit hervorragender Bonität sitzen bei den Kreditverhandlungen am längeren Hebel. Denn solche Kunden will jeder haben!

**Fehler 7:** Auf öffentliche Fördergelder verzichten

Die Zeiten der staatlichen »Eigenheimzulage« sind schon seit 2006 vorbei. Dennoch gibt es noch die ein oder andere staatliche Förderung. Im Regelfall sehen die Förderprogramme einen vergünstigten Zinssatz für einen Teil des Kaufpreises vor. Die Beantragung läuft dabei eigentlich immer über die finanzierende Bank (und diese muss nicht unbedingt die eigene Hausbank sein, siehe Fehler 4).

Die staatliche Banken-Gruppe KfW unterstützt mit Förderprogrammen den Kauf von neuem Wohneigentum. Alle Einzelheiten hierzu finden Sie auf der Website der KfW im Internet (www.kfw.de).

Auch einzelne Bundesländer haben Förderprogramme für den Immobilienerwerb aufgelegt. Informationen hierzu recherchieren Sie am besten im Internet.

## Die Wohnimmobilie als Kapitalanlage

Noch nie wurde so ausführlich über den Wert und die Zukunft der Gemeinschaftswährung Euro diskutiert wie in den letzten Jahren. Es vergeht kein Tag ohne eine schlechte Nachricht zur aktuellen finanziellen Lage und zur »Anspannung an den Finanzmärkten« in Europa, über fast bankrotte Staaten, geschädigte Investoren, rückabgewickelte Banken oder über ein weiteres Gesetzesvorhaben, mit dem alles besser werden soll.

Sobald die Angst vor einer Inflation bzw. einer Geldentwertung umhergeht, steigt auch die Nachfrage nach Immobilien. Denn nicht nur in der öffentlichen Meinung stehen Inflationsschutz und Immobilien quasi unzertrennlich nebeneinander. Dies liegt vor allem daran, dass das »Anlageobjekt Immobilien« seit jeher als »sicherer Hafen« angesehen wird. Diese Sicherheit fußt jedoch auf vielen Kriterien, die man bei einer Investition berücksichtigen muss, und sollte folglich auch nicht einfach pauschal angenommen werden. Denn nicht jede Immobilieninvestition ist automatisch auch ein Gewinnbringer. Die Investition in eine Immobilie sollte so auch gut überlegt sein.

Sicherheit und Profitabilität einer Anlageentscheidung sind von vielen Faktoren abhängig: Wenn Sie beispielsweise in ein Unternehmen investieren, so werden Sie sich in aller Regel die Bilanzen vorlegen lassen und die Auftragszahlen der vergangenen Jahre bis einschließlich heute genau prüfen wollen. Auch beim Kauf einer Immobilie werden Sie ähnlich verfahren und den Sicherheitsgedanken angemessen berücksichtigen bzw. abwägen. Sie werden sich den aktuellen und künftigen Wert der Immobilie aufgrund von Entwicklungsanalysen und Zahlen aus der Vergangenheit bestimmen lassen wollen und diese Werte dem Preis, den der Verkäufer der Immobilie von Ihnen fordert, gegenüberstellen.

Als wertbildende Faktoren können unterschiedliche Aspekte herangezogen werden. Bei Immobilien zählen die Lage und das Alter des Objekts zu den wichtigsten Faktoren. Daneben wird sich auch die Finanzierbarkeit der Immobilie – wie etwa die aktuellen Zinskosten für eine anteilige oder vollständige Fremdfinanzierung – in Ihrer Entscheidung niederschlagen.

Jedenfalls wird eine solche Entscheidung in aller Regel viel Zeit und ausreichende Überlegung erfordern. Schließlich wird der durchschnittliche private Käufer eine Immobilie in aller Regel für sich selbst bzw. für seine Familie kaufen, um diese selbst zu bewohnen und sich so die Miete für eine fremde Immobilie zu sparen – ob man am Ende tatsächlich spart, hängt davon ab, wie viel man laufend an Kosten für die eigene Immobilie aufwenden muss, aber auch davon, ob diese überhaupt in absehbarer Zeit abbezahlt sein wird).

Immobilien können selbstverständlich nicht nur als Eigenheim dienen. Sie bringen auch nicht unerhebliche Erträge durch *Vermietung* ein. In diesem Zusammenhang sind beträchtliche Preisunterschiede zwischen Bestands- und Neubau-Immobilien zu beobachten. Auch diesen Faktor sollten Sie bei Ihrer Investitionsentscheidung mitberücksichtigen. Ein bundesweiter Vergleich der Immobilienpreise in Deutschland macht deutlich, dass fast immer sowohl der Kaufpreis als auch der Mietzins für ein Neubau-Objekt deutlich über dem Kaufpreis und Mietzins für ein Bestandsobjekt liegen.

Die Nachfrage nach einer Neubau-Immobilie ist in aller Regel größer als nach einer Bestandsimmobilie, wobei umfangreiche Ausnahmen denkbar sind – beispielsweise Jugendstilgebäude und klassische Altbauwohnungen in den Bestlagen der großen Städte wie München. Dort liegen die Kaufpreise für eine Jugendstilwohnung in den sehr guten Lagen der Stadt auf dem gleichen Preisniveau oder sogar punktuell höher für vergleichbare Neubauobjekte.

Auch die Ausstattung einer Immobilie sowie die unmittelbare Umgebung der Immobilie zählen zu den wertbildenden Faktoren. Bei älteren Immobilien kann man in aller Regel sicherlich nicht mit den gleichen Ausstattungen und »Features« rechnen wie bei Neubau-Immobilien. Schließlich entwickeln sich die Technik und die Anforderungen an Wohnimmobilien sowie die Ansprüche der Gesellschaft an Sicherheit und Energieeffizienz sowie an die allgemeine Infrastruktur immer weiter. Das, was vor 20 Jahren noch »Luxus« war, ist heute der »Standard«.

## Immobilienstandort Deutschland

Wenn es darum geht, in Krisenzeiten in Europa nach einem europäischen Investitionsstandort Ausschau zu halten, ist insbesondere der Standort Deutschland ein bevorzugter »Rückzugshafen«.

Eine Investorenumfrage der CBRE Group in Europa ergab im Jahr 2013, dass Deutschland über den attraktivsten europäischen Immobilienmarkt verfügt. In die Top Ten schafften es gleich vier Städte aus Deutschland: München auf Platz 2, gefolgt von Berlin auf Platz 3, Hamburg auf Platz 7 und Frankfurt am Main auf Platz 8.

Die Attraktivität Deutschlands spiegelt sich auch an der steigenden Zahl der Baugenehmigungen für neue Wohnungen wider. Aktuell entfallen nach seriösen Schätzungen jährlich 2,5 Neubauwohnungen auf 1.000 Einwohner. Zwar bewegt sich Deutschland damit nur im europäischen Mittelfeld. Der Vergleich zwischen den Zahlen von heute und 2009 zeigt jedoch, dass der Trend hierzulande deutlich zu Neubauobjekten hingeht. Die aktuellen Werte liegen um ein Drittel höher als die von 2009.

Nach der Banken- und Finanzkrise 2008/2009 ist die eigene Wohnimmobilie als Kapitalanlage wieder stärker in das Blickfeld gerückt. Aus Sicht von Bauträgern, Bausparkassen und Baufinanzierern ist eine Immobilie natürlich *immer* eine gute Kapitalanlage. Teilweise wird sogar in Anzeigenkampagnen ausdrücklich die generelle Überlegenheit der Immobilie gegenüber einer Anlage in Aktien oder Aktienfonds behauptet. Doch die Wirklichkeit ist komplizierter. So gibt es Argumente, die für das Immobilieninvestment sprechen, aber natürlich auch einige dagegen.

### Argumente für die Immobilie als Kapitalanlage
- ▲ Diversifikation (Streuung) innerhalb der eigenen Vermögensanlage
- ▲ Schutz in wirtschaftlichen Krisenzeiten: Raum zum Wohnen wird immer benötigt. Wohnraum ist ein lebenswichtiges Gut wie Luft, Wasser, Nahrung.
- ▲ Im Regelfall Wertstabilität (zumindest in Lagen innerhalb eines wirtschaftlich prosperierenden Großraumes wie z.B. München, Hamburg, Stuttgart)
- ▲ Inflationsschutz, da Anlage in Sachwerten

- ▲ Nachfrage nach zeitgemäßem (und v.a. energieeffizientem) Wohnraum nimmt trotz der demographischen Entwicklung zu.
- ▲ internationaler Vergleich: in Deutschland immer noch niedriges Preisniveau im Vergleich zu Metropolen wie London oder Paris
- ▲ Immobilie kann im Alter selbst genutzt werden: Schutz vor steigenden Mieten und Vermieter-Willkür
- ▲ Psychologischer Effekt: Langfristige Verpflichtung zur Zahlung von Zins und Tilgung (meist über zehn oder 15 Jahre) führt zu größeren Sparanstrengungen in der Gegenwart. Die Statistik beweist, dass Haushalte mit Immobilieneigentum im Alter vermögender sind als vergleichbare Haushalte ohne Immobilieneigentum.

**Argumente gegen die Immobilie als Kapitalanlage**
- ▼ Relativ hohes Risiko durch Mietausfall, Leerstand, Vandalismus des Mieters, versteckte Baumängel
- ▼ Mieterfreundliche Gesetzgebung und Rechtsprechung (z.B. Kündigungsschutz, bei Umlage von Renovierungskosten Mietpreisbremse)
- ▼ Hohe laufende Kosten, die nicht auf den Mieter umgelegt werden können (z.B. Hausverwaltung, Instandhaltungsrücklage am Sonder- und Gemeinschaftseigentum)
- ▼ Kaum steuerliche Anreize: keine degressive Abschreibung mehr (seit 2006 nur noch lineare Abschreibung in Höhe von zwei Prozent auf den Gebäudeanteil)
- ▼ Geringe Fungibilität (Handelbarkeit) der Anlage: Verkauf der Immobilie dauert im Regelfall sechs bis zwölf Monate.
- ▼ Hohe Transaktionskosten von bis zu zehn Prozent des Kaufpreises (Notargebühren, Grunderwerbsteuer, Registergebühren, Maklerprovision). Diese müssen erst wieder reinverdient werden: bei Verkauf innerhalb der ersten zehn Jahre meist ein Verlustgeschäft
- ▼ außerhalb der prosperierenden Metropolen geringe Chancen auf Wertsteigerungen und in unattraktiven Lagen sogar Risiko des Wertverlustes (bis hin zur Unverkäuflichkeit)
- ▼ Hoher Verwaltungsaufwand: jährliche Nebenkostenabrechnung, laufende

Reparaturarbeiten, Teilnahme an Eigentümerversammlungen, Mieterwechsel, teilweise aufwendige Nachweispflichten gegenüber Finanzbehörden
▼ Immobilieneigentümer bei Währungskrisen (wie 1922 und 1948) oftmals als Erste Opfer von staatlichen Zwangsmaßnahmen (z.B. Zwangsanleihen, Zwangshypotheken, Enteignungen), da die privaten Eigentumsverhältnisse in den (elektronischen) Grundbüchern lückenlos dokumentiert sind.

## Ranking: Quadratmeterpreise für Neubauten

Das Immobilienportal *neubau kompass* hat ein aktuelles Ranking veröffentlicht. Dargestellt sind die jeweils durchschnittlichen Quadratmeterpreise für neue Eigentumswohnungen in zwölf deutschen Großräumen. Erwartungsgemäß liegen die Großräume München und Hamburg vorn. Auf dem letzten Platz liegt das Ruhrgebiet: Dort kann man für das gleiche Geld mehr als doppelt so viel Quadratmeter Wohnfläche kaufen wie im teuren München.

Im Folgenden erhalten Sie einen Überblick über die durchschnittlichen Quadratmeterpreise für neue Eigentumswohnungen in den einzelnen Großräumen, jeweils im Vergleich das Jahr 2010 und 2014:

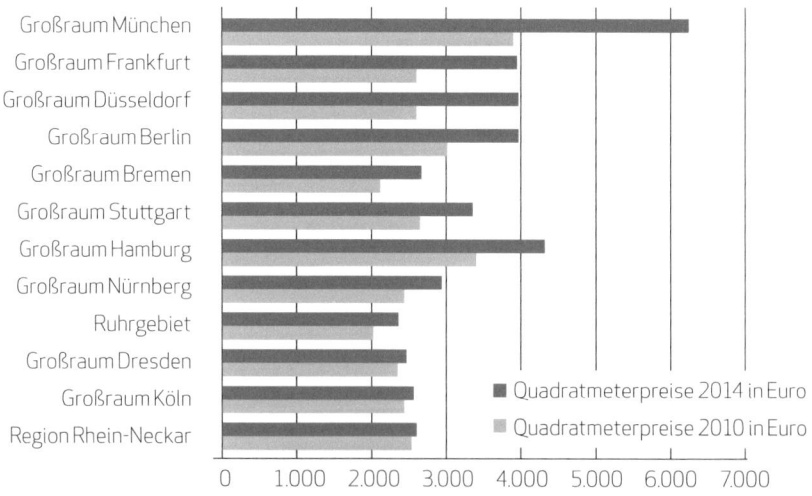

Ranking: Quadratmeterpreise für Neubauten

*Prozentuale Preissteigerungen für neu gebaute Eigentumswohnungen (2010 bis 2014)*

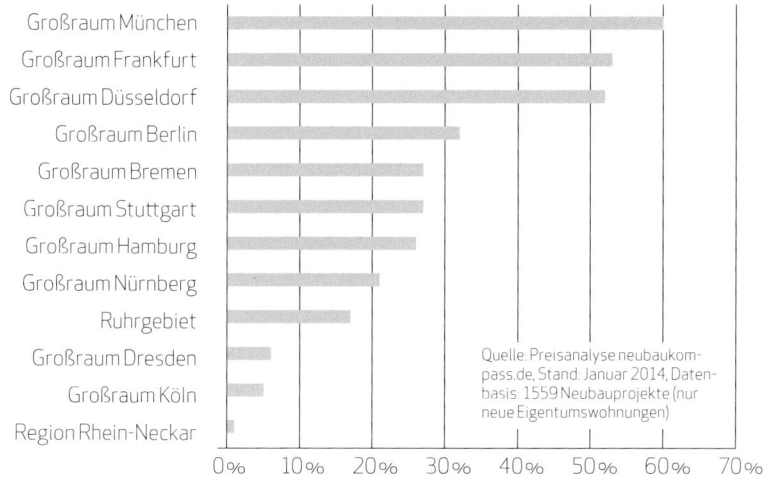

Quelle: Preisanalyse neubaukompass.de, Stand: Januar 2014, Datenbasis: 1559 Neubauprojekte (nur neue Eigentumswohnungen)

# Rechtliche Rahmenbedingungen

Der Kauf einer Immobilie unterliegt umfangreichen rechtlichen Rahmenbedingungen. Die meisten Regelungen dienen zum Schutz des Immobilienkäufers vor einer unüberlegten und übereilten Entscheidung. So muss der Vertrag mit dem Bauträger (Bauträgervertrag) immer *notariell beurkundet* werden. Das gilt auch für alle Nebenabreden und Zusatzvereinbarungen. Auch die Baubeschreibung ist Bestandteil des Bauträgervertrages.

Der Bauträgervertrag unterliegt zudem den strengen Regelungen der *Makler- und Bauträgerverordnung* (MaBV). Die MaBV enthält unter anderem ausführliche Regelungen zum Zahlungsplan und zur Absicherung des Käufers im Insolvenzfall.

## Bauträgervertrag

Von einem Bauträgervertrag spricht man dann, wenn der Verkäufer Ihnen ein Bauvorhaben auf einem Grundstück verspricht. Folglich liegt kein »gewöhnlicher Kauf« einer Immobilie vor, sondern Sie erwerben darüber hinaus auch noch ein Bauvorhaben, da ja die Immobilie erst noch fertiggestellt werden muss.

Dies verschafft Ihnen eine andere Erwerberstellung als beispielsweise der Kauf einer bereits stehenden »Alt«- bzw. Bestandsimmobilie, die Sie ja aufsuchen, betreten und sozusagen »anfassen« können. Bei einem noch zu errichtenden Bauwerk werden Sie vor Ihrer Kaufentscheidung und auch einige Zeit danach allenfalls ein paar Baumaterialien »anfassen« können.

Der Erwerb einer Immobilie von einem Bauträger führt dazu, dass der Käufer zum Erwerber eines bebauten Grundstückes wird, jedoch dadurch dann *kein Bauherr ist*. Beim Kauf eines »Architektenhauses« fungieren Sie hingegen als Bauherr.

Als Erwerber eines bebauten Grundstücks ist der Käufer bis zur Fertigstellung der Immobilie und der vollständigen Zahlung des Erwerbspreises grundsätzlich nicht der Eigentümer. Damit haben Sie als Käufer auch weniger Verantwortung zu tragen, allerdings auch kein Mitsprache- bzw. Interventionsrecht auf der Baustelle!

Im Wesentlichen hat somit der Erwerber zwei Hauptpflichten zu erfüllen: Zum einen schuldet er die *Abnahme* der Immobilie, zum anderen die *Bezahlung*. Der Bauträger verpflichtet sich mit dem Bauträgervertrag dazu, die Immobilie entsprechend der vereinbarten Baubeschreibung zu errichten und an den Käufer zu übergeben sowie diesem das Eigentum an der Immobilie zu verschaffen.

Da der *einzige* Vertragspartner des Käufers der Bauträger selbst ist, ist auch eine Abstimmung mit den Handwerkern bzw. Weisungsmöglichkeiten des Käufers weder erforderlich, noch möglich. Lediglich mit Zustimmung und der Mitwirkung des Bauträgers ist ein Einfluss auf die Baustelle möglich, oder auch im Rahmen von vertraglichen Abreden.

Sollte der Käufer der Ansicht sein, dass der Bauablauf anders zu erfolgen hat, dass beispielsweise aus qualitativen Gesichtspunkten eine andere Methode gewählt werden müsste, ist eine Einflussnahme auf den Bau somit grundsätzlich ausgeschlossen, da der Bauträger alleine die Bauleistungen zu verantworten und somit alleine die Baustelle zu überwachen hat.

Die genauen Rechte und Pflichten bzw. Befugnisse der Parteien werden im *Bauträgervertrag* festgehalten. Aufgrund der soeben beschriebenen Eigenschaften eines Erwerbs von einem Bauträger enthält der Bauträgervertrag sowohl *kaufvertragliche* als auch *werkvertragliche* Komponenten – im Unterschied zum einfachen Kauf einer Bestandsimmobilie.

Ob eine Einheit zwischen Werk- und Grundstückskaufvertrag besteht (einheitliches Vertragswerk), ist vom Willen der Parteien abhängig, was sich in aller Regel aus den getroffenen Vereinbarungen ermitteln lässt. Gegenstand des Erwerbsvorgangs ist dann das unbebaute Grundstück mit dem noch zu errichtenden Gebäude.

Der Bundesgerichtshof (BGH) ordnete bereits frühzeitig den herkömmlichen Bauträgervertrag als »Vertrag sui generis« bzw. als »typengemischten Vertrag« ein (BGH, v. 21.11.1985, VII ZR 366/83, BGHZ 96, 275). Die Verpflichtung zur Bauerrichtung sowie die damit zusammenhängenden Gewährleistungspflichten sollten demnach dem *Werkvertragsrecht* zugeordnet werden (BGH, v. 10.5.1979, VII ZR 30/78, BGHZ 74, 258).

Somit sind bei Bauträgerverträgen die Vorschriften zum *Werkvertragsrecht* (also §§ 631 ff. BGB) in aller Regel einschlägig bzw. auf dieses Vertragsverhältnis anzuwenden. Zwar bezeichnet das Werkvertragsrecht Sie als sogenannten »Besteller« des »Werkes«, jedoch wollen wir Sie vorliegend – der Einfachheit halber – auch weiterhin als »Käufer« oder »Erwerber« des »Bauwerkes« bzw. der »Neubau-Immobilie« bezeichnen.

Zu erwähnen ist außerdem, dass der BGH in diesem Zusammenhang auch hervorgehoben hat, dass allein die Verwendung der Bezeichnung »Kaufvertrag« durch die Vertragsparteien nicht geeignet ist, das Werkvertragsrecht zu umgehen bzw. unanwendbar zu machen (Urt. v. 10.5.1979, VII ZR 30/78, BGHZ 74, 258).

## Form und Inhalt des Bauträgervertrags

Das Bürgerliche Gesetzbuch (BGB) schreibt vor, dass Verträge über Immobilien zwingend *notariell beurkundet* werden müssen und alle nicht notariell beurkundeten Abmachungen praktisch gegenstandslos sind (§ 311b Abs. 1 BGB). Achten Sie folglich darauf, dass alle Besprechungsprotokolle, Wünsche und Vorschläge sowie Skizzen Eingang in den Bauträgervertrag finden.

> **Praxistipp:** Mündliche Abreden bzw. Nebenabreden, die nicht Eingang in den notariellen Kaufvertrag gefunden haben, werden Ihnen im Fall der Fälle nichts außer Kopfschmerzen bringen. Aussagen wie »Das ist doch gar kein Problem«, »Das machen wir schon sofort nach Unterzeichnung des Vertrages« oder »Selbstverständlich ist das mit im Preis beinhaltet« bringen Ihnen bei einer rechtlichen Auseinandersetzung wenig, wenn sie nicht Eingang in die notarielle Vertragsvereinbarung gefunden haben.

Keinesfalls sollte man sich auf »Schwarzgeldabreden« (im notariellen Vertag wird eine geringerer Kaufpreis eingetragen) einlassen, die nicht nur strafrechtlich verfolgt werden können, sondern insgesamt dazu führen, dass Ihr Bauträgervertrag *vollumfänglich nichtig* ist. Diese Abreden werden von unseriösen Bauträgern bzw. Immobilienverkäufern verwendet, um somit beiden Parteien einen vermeintlichen Gefallen zu tun. So wird damit in Aussicht gestellt, dass u. a. die Vertragsnebenkosten reduziert werden könnten, so beispielsweise die Kosten für den Notar oder die Grunderwerbsteuer. Sie sollten sich von solchen Abreden und Bauträgern, die das anbieten, fernhalten.

Die notarielle Beurkundungspflicht des Vertrages zwischen Ihnen und dem Bauträger macht es erforderlich, dass vor allem die Baubeschreibung besonders umfangreich, detailliert und unmissverständlich ausfallen muss. In der Baubeschreibung wird beispielsweise festgehalten, welche Arbeiten wann erfolgen werden, über welche Qualität die Arbeiten und die Produkte verfügen müssen, wie der zu erwartende Baufortschritt sein wird. Auch hier gilt in Bezug auf fehlende Angaben im Bauvertrag, dass es im Nachhinein unter Umständen zu spät sein könnte.

Folglich sollte darauf geachtet werden, dass die Beschreibungen möglichst exakt und detailliert formuliert sind. Grundrisse und exakte Pläne sind nicht nur selbstverständlich, sondern ein Muss. Dies gilt sowohl für das »Innere« eines Objekts als auch für die Außenanlagen. So müssen beispielsweise Lage, Größe und Anzahl von Fenstern und Türen exakt festgelegt werden. Für den Außenbereich gilt, dass Zaunanlage, Wegebau bzw. Zufahrten, Bepflanzungen u. ä. Positionen nicht fehlen dürfen. Andernfalls müssten Sie mit Zusatzkosten rechnen, die Sie gemeinsam mit den anderen Käufern bzw. Eigentümern nach Fertigstellung zu tragen hätten.

## Makler- und Bauträgerverordnung (MaBV)

Für den Bauträgervertrag können neben dem BGB aber auch andere Gesetze oder Verordnungen als Rechtsgrundlage relevant sein bzw. in den

Vertrag einbezogen werden. Bei Bauträgerverträgen ist das insbesondere die *Makler- und Bauträgerverordnung (MaBV)*, die u. a. bei Vereinbarungen von Abschlagszahlungen zur Anwendung kommen kann.

Die MaBV stellt Vorschriften zur Verfügung, die regeln, wie der gewerbliche Bauträger die Zahlungen des Käufers zu verwalten hat und wann und wie er diese entgegennehmen darf.

Im Gegensatz zum sogenannten »Architektenhaus«, bei dem die Zahlungen unmittelbar an die einzelnen Handwerker fließen, wird beim Kauf vom Bauträger mit dem Bauträger selbst abgerechnet. Der Bauträger darf jedoch nicht nach Belieben Teilzahlungen oder Zahlungen im Voraus verlangen, sondern ist an die Bestimmungen der MaBV gebunden. So kann der nach dem Bauträgervertrag vereinbarte Kaufpreis entweder unmittelbar nach Fertigstellung und Abnahme oder aber in Raten bzw. Abschlägen bezahlt werden, sobald vordefinierte Teilleistungen erbracht wurden.

Der im notariellen Bauträgervertrag aufgestellte *Zahlungsplan* muss jedenfalls den Vorgaben der MaBV entsprechen. Dieser Zahlungsplan richtet sich nach § 3 Abs. 2 MaBV und unterliegt gewissen Höchstgrenzen, die vorschreiben, wie viel Prozent des Kaufpreises bei welchen Teilleistungen maximal gefordert werden dürfen.

Mit dieser Vorgabe will der Gesetzgeber verhindern, dass der Käufer mehr bezahlt, als es dem Wert der ausgeführten Leistungen entspricht. Zugleich sollen diese Zahlungspläne dem Käufer Schutz bei einer möglichen *Insolvenz* des Bauträgers bieten.

Die MaBV listet insgesamt dreizehn verschiedene Teilzahlungen bzw. sogenannte »Gewerke« sowie einen prozentualen Anteil auf die Gesamtkosten auf, die der Bauträger veranschlagen darf. Der Bauträger darf jedoch nicht für jedes einzelne Gewerk eine Rechnung schreiben, sondern muss diese zu maximal sieben Teilzahlungen zusammenfassen. Er kann also je nach Bauablauf und Bauorganisation einzelne Teilzahlungen unterschiedlich bündeln, muss jedoch dabei die von der MaBV vorgesehenen Höchstgrenzen einhalten.

## Zahlungsplan nach der MaBV

Bei Neubau-Objekten, die sich noch in der Bauphase befinden, verlangt der Bauträger *Abschlagszahlungen* gemäß dem Baufortschritt. Die entsprechenden Zahlungsschritte sind im Einzelnen in der Makler- und Bauträgerverordnung festgelegt.

- 30,0 % nach Beginn der Erdarbeiten
- 28,0 % nach Rohbaufertigstellung, einschließlich Zimmererarbeiten
- 5,6 % für die Herstellung der Dachflächen und Dachrinnen
- 2,1 % für die Rohinstallation der Heizungsanlagen
- 2,1 % für die Rohinstallation der Sanitäranlagen
- 2,1 % für die Rohinstallation der Elektroanlagen
- 7,0 % für den Fenstereinbau, einschließlich der Verglasung
- 4,2 % für den Innenputz, ausgenommen Beiputzarbeiten
- 2,1 % für den Estrich
- 2,8 % für die Fliesenarbeiten im Sanitärbereich
- 8,4 % nach Bezugsfertigkeit und Zug um Zug gegen Besitzübergabe
- 2,1 % für die Fassadenarbeiten
- 3,5 % nach vollständiger Fertigstellung

Beachten Sie hierbei die strenge Unterscheidung des Gesetzgebers zwischen *Bezugsfertigkeit* und *Fertigstellung*. Eine Wohnung kann bereits bezugsfertig sein (also »bewohnbar«), die Fertigstellung (z. B. Parkplätze, Außenanlage) kann sich jedoch noch Monate hinziehen.

> **Praxistipp:** Gem. § 3 Abs. 1 Nr. 3 Makler- und Bauträgerverordnung (MaBV) erhält der Käufer eine *Freistellungsbescheinigung* der finanzierenden Bank des Bauträgers. Damit sollen im Insolvenzfall die geleisteten Anzahlungen des Käufers abgesichert werden. Diese Freistellungsbescheinigung dient dem Schutz des Käufers.

Wenn sich der Bauträger, der den Regelungen zur MaBV unterfällt, nicht an die Vorgaben nach MaBV hält, kann der gesamte Zahlungsplan ungültig sein (§ 12 MaBV). In diesem Fall müsste also der Käufer den Kaufpreis erst nach Fertigstellung und Abnahme bezahlen. Im Weiteren könnte der Käufer unter Umständen auch Schadensersatzansprüche geltend machen, wie beispielsweise für Zinsschäden.

Darüber hinaus schützt die MaBV die Käufer durch weitere Sicherungsregelungen. Beispielsweise hat der Bauträger die empfangenen Zahlungen der Käufer von anderen bzw. privaten Geldern im Rahmen einer getrennten Vermögensverwaltung auseinanderzuhalten.

Auch darf der Bauträger die von den Käufern entgegengenommenen Gelder nur für das jeweilige Projekt verwenden. Und es sind Regelungen für Bürgschaften enthalten.

## Bauzeit, Bezugsfertigkeit, Fertigstellung

Der Baubeginn, die Bezugsfertigkeit und der Fertigstellungstermin sind für den Käufer von zentraler Bedeutung. Von der Bauzeit und vom Baufortschritt hängt vieles ab: die Fälligkeit der entsprechenden Kaufpreisraten, die Kündigung der alten Wohnung, die Umzugsplanung, die Zahlung von Bereitstellungszinsen an die kreditgebende Bank und vieles mehr.

Die entsprechenden Termine müssen im Bauträgervertrag kalendermäßig definiert sein. Lassen Sie sich nicht auf Formulierungen ein wie »Fertigstellung voraussichtlich ein Jahr nach Erteilung der Baugenehmigung« – solche Klauseln sind für den Käufer praktisch wertlos. Bestehen Sie auf eine Regelung im Vertrag wie diese:

*Ist die Bezugsfertigkeit im Sinne von Abschnitt x.x dieser Urkunde nicht bis zum 31.03.2016 erfolgt, so ist der Veräußerer ab 01.04.2016 verpflichtet, an den Käufer zeitanteilig einen Betrag von EUR 800,– monatlich zu zahlen, längstens jedoch bis zur Bezugsfertigkeit.*

Als Höhe des Schadenersatzes wird im Regelfall die ortsüblich zu erzielende Nettomiete für das Objekt zugrunde gelegt.

**Praxistipp:** Unserer Erfahrung nach vergehen zwischen Baubeginn und Bezugsfertigkeit rund zwölf Monate – wenn alles optimal läuft. Der Regelfall sind eher 14 bis 16 Monate. Achtung: Teilweise werden Wohnungen »vom Plan weg verkauft«, für die noch gar keine Baugenehmigung vorliegt oder obwohl der Bauträger noch nicht mal Eigentümer des Grundstücks ist.

### Änderungen und Sonderwünsche

Änderungen der Baubeschreibung (z. B. Parkett anstelle von Teppichboden) müssen unbedingt *vor* Vertragsschluss mit dem Bauträger vereinbart werden. Alle Änderungswünsche sind dann Teil des notariell zu beurkundenden Bauträgervertrages. Auf Aussagen des Bauträgers wie »diese Details können wir dann nach dem Notarttermin regeln« sollten Sie sich nicht einlassen. Ist der Bauträgervertrag erst mal abgeschlossen, so ist der Bauträger grundsätzlich nicht verpflichtet, spätere Wünsche des Käufers (z. B. nun doch wieder Teppich anstelle von Parkett) zu berücksichtigen.

Dennoch zeigt sich hier in der Praxis, dass die meisten Bauträger recht kooperativ sind: So gehen sie häufig auf Sonderwünsche der Käufer auch nach Vertragsschluss noch entsprechend ein, sofern diese baurechtlich möglich sind und es der Baufortschritt noch zulässt. Für etwaige Änderungen ist dann natürlich ein entsprechender Aufpreis zu bezahlen (z. B. die Mehrkosten für Parkett anstelle von Teppich).

## Beratung durch einen Rechtsanwalt

Der Vertrag über einen Erwerb einer Neubau-Immobilie, dem in aller Regel sechs- bis siebenstellige Beträge zugrunde gelegt werden, sollte folglich möglichst von einem Experten geprüft werden.

> **Praxistipp:** Verlassen Sie sich nicht alleine auf die Aussagen des Bauträgers, der in aller Regel den Hinweis erteilen wird: »Wir haben eine eigene Rechtsabteilung, die die Verträge prüft«, »das sind doch standardisierte Verträge, die wir schon jahrelang verwenden« oder »wir hatten noch nie Probleme mit unseren Kunden«. Bei allen Verträgen gilt schließlich das Prinzip, dass bei der einen oder anderen Klausel die Rahmenbedingungen zumindest leicht modifiziert bzw. verändert werden können (Grundsatz der Vertragsfreiheit).

Sie sind keinesfalls verpflichtet, die standardisierten Verträge des Bauträgers ohne Änderungen akzeptieren. Jeder Vertrag kann selbstverständlich individuell vereinbart werden bzw. über einen individuellen Rahmen verfügen. Auch wenn Sie beim Bauträger in aller Regel nicht durchsetzen können, dass der gesamte Vertrag neu ausgehandelt wird, können Sie jedoch zumindest einige wichtige Punkte, die einem Experten sofort ins Auge stechen, anpassen lassen. Insbesondere in Bauträgerverträgen können einige Klauseln Eingang gefunden haben, die Regelungen zu Ihren Ungunsten enthalten. Wenn Sie diese Klausel erst entdecken, nach dem Sie den notariellen Vertrag unterschrieben und die Immobilie abgenommen haben, wird es grundsätzlich schon zu spät sein.

Es ist deshalb empfehlenswert, einen (spezialisierten) Rechtsanwalt mit der Prüfung des Bauträgervertrages und der Dokumente zu beauftragen. Das Anwaltshonorar dürfte fast immer günstiger sein als eine gerichtliche Auseinandersetzung nach Abschluss des Vertrages.

Bei einem Erwerb einer noch zu errichtenden Neubau-Immobilie müssen viele weitere Dokumente herangezogen werden, wie etwa Pläne, Erklärungen und Beschreibungen. Diese überfordern den Laien sehr häufig. In diesem Zusammenhang kann man exemplarisch folgende Dokumente aufzählen, die Sie vor Unterzeichnung eines Kaufvertrags intensiv überprüfen oder überprüfen lassen sollten:

- Leistungsverzeichnisse und Baubeschreibungen für Sondereigentum und Gemeinschaftseigentum
- Teilungserklärungen

- Aufteilungspläne
- Erschließungspläne
- Kosten- und Zahlungspläne
- Gutachten (insbesondere Bodengutachten)
- Gemeinschaftsordnungen
- Grundbuchauszüge

## Rechtliche Probleme bei Neubau-Immobilien

Bei dem Kauf einer Neubau-Immobilie während der Bauphase erweist sich als erstes Problem, dass noch gar kein fertiggestelltes Objekt vorliegt. Käufer bzw. Interessenten stehen zumeist vor einem unbebauten Grundstück, ohne ein errichtetes Gebäude oder dazugehörige Anlagen. Dies birgt selbstverständlich gewisse Risiken und Gefahren, die man richtig einschätzen muss.

So kommt es häufig vor, dass der Bauträger vor Baubeginn noch nicht einmal Eigentümer des Baugrundstücks ist oder aber über keine Baugenehmigung verfügt. In diesen Fällen sind Kaufvertragsabschlüsse nicht ungefährlich. Schließlich ist auch zu bedenken, dass der Käufer erst nach Fertigstellung des Bauvorhabens zum Eigentümer der Immobilie werden wird.

Dennoch versuchen einige Bauträger bereits vor dem Kauf des Grundstücks sowie vor Erlangung der Baugenehmigung, Kaufinteressenten zu finden, um somit die eigene Kapitalstruktur zu stärken bzw. die Realisierung des Projekts frühzeitig abzusichern.

Dies ist an sich nichts Verwerfliches und ein durchaus branchenübliches Vorgehen. Sie sollten allerdings darauf bestehen, dass der Bauträger die Fakten auf den Tisch legt: Wer ist der aktuelle Eigentümer des zu bebauenden Grundstücks? Wann ist der Erwerb des Grundstücks durch den Bauträger geplant? Liegt bereits eine rechtswirksame Baugenehmigung vor?

Der Bauträger bedient sich zumeist aufwendig gestalteter, eleganter Prospekte, die die Vorstellungskraft und Kauflust des Interessenten wecken und von der aktuell unschönen Baugrube ablenken sollen. Kaufinteressenten sollten sich keineswegs von den Werbematerialien und Prospekten zu einer voreiligen Entscheidung verleiten lassen. Lassen Sie sich Zeit, prüfen Sie alle Angaben, alle Pläne, alle Faktoren, die sich um die zu errichtende Immobilie herausbilden (wie beispielsweise die Lage der Immobilie sowie Vergleichswerte in der näheren Umgebung), kritisch.

> **Praxistipp:** Als Interessent sollten Sie auch auf *Referenzobjekte* des Bauträgers einen Blick werfen. Falls Sie auf Bewohner dieser Objekte treffen, schadet es sicherlich nicht, höflich nach deren Erfahrungen mit dem Bauträger und der Qualität der Immobilie zu fragen. Schließlich möchten Sie unter Umständen eine für die eigene Zukunft wesentliche Entscheidung treffen, die gut überlegt sein sollte. Ein Verzeichnis von Referenzobjekten (fast) aller deutschen Bauträger und Vermarkter findet sich auf der Webseite www.neubaukompass.de. Mit Recherchen im Internet können Sie zudem herausfinden, ob es in der Vergangenheit negative Meldungen oder Diskussionen über den Bauträger gegeben hat. Dies ist die kostengünstigste und einfachste Methode, Informationen über den Bauträger einzuholen.

## Abnahme bei Neubau-Immobilien

Beim Kauf einer Neubau-Immobilie kommt den *Abnahme- bzw. Übergabeprotokollen* eine wichtige Bedeutung zu. Dies gilt insbesondere im Hinblick auf mögliche Gewährleistungsansprüche, die Sie gegen den Bauträger geltend machen wollen.

Mit dem Abnahmeprotokoll wollen Käufer und Verkäufer den Zustand des Objekts zum Übergabezeitpunkt festhalten – insbesondere, ob die vereinbarte (Bau-)Leistung eingehalten worden ist oder noch weitere Leistungen zu erfolgen haben. Das bedeutet, der Käufer nimmt mit der formellen Abnahme die Immobilie als vertragsgerecht und frei von (zumindest wesentlichen) Mängeln ab.

Darüber hinaus wird mit der Abnahme in aller Regel der Kaufpreis bzw. die letzte Kaufpreisrate zur Zahlung fällig und die Verjährungsfrist für Gewährleistungsansprüche beginnt zu laufen. Somit lässt sich festhalten, dass die formelle Abnahme zu dem wichtigsten Rechtsakt nach Abschluss des notariellen Kaufvertrags zählt.

Deshalb sollten Sie dem formellen Abnahmeakt bzw. Abnahmeprotokoll größte Wichtigkeit zuschreiben. Auch sollten Abnahmeprotokolle bei einem offiziellen Termin am Objekt gemeinsam fertiggestellt werden. Als Käufer sollten Sie sich keinesfalls auf nicht-physisch stattfindende bzw. übermittelte Abnahmeschreiben einlassen.

Gegebenenfalls kann mit dem Bauträger schon im notariellen Kaufvertrag vereinbart werden, dass die Abnahme unter Hinzuziehung eines *unabhängigen Sachverständigen* stattzufinden hat, zumal das geschulte Auge des Sachverständigen mehr Mängel entdecken könnte als der Laie. Auch weiß der Fachmann, wo er nach versteckten Mängeln suchen muss. Falls eine Sachverständigenklausel in den notariellen Vertrag aufgenommen wird, sollte jedoch auch geregelt werden, welche Partei die Kosten des Sachverständigen zu tragen hat.

Darüber hinaus sollte in diesem Fall auch festgehalten werden, dass die Sachverständigenklausel bis zur endgültigen Abnahme Bestand haben soll, damit auch die unter Umständen notwendigen Zweit- oder Dritttermine (bzw. weitere Abnahmetermine) erfasst werden können. Denn erfahrungsgemäß können bereits beim Ersttermin einige Mängel ans Tageslicht kommen, womit weitere Abnahmetermine notwendig werden.

In den jeweiligen Abnahmeprotokollen werden schließlich alle Mängel sowie Fristen für die Mängelbehebung festgehalten. Erst nach endgültiger Beseitigung aller Mängel sollte dann die *formelle* Abnahme stattfinden, da mit der formellen Abnahme zahlreiche rechtlich relevante Tatbestände berührt werden, wie beispielsweise:

- Der Beginn der Gewährleistungsfrist
- Der Übergang von Gefahren und Risiken auf den Käufer
- Beweislastumkehr zulasten des Käufers

Mit der Abnahme erfolgt also die *Umkehrung der Beweislast* für Mängel: Vor der Abnahme liegt es am Bauträger zu beweisen, dass er die beauftragte Leistung vollständig und insbesondere frei von wesentlichen Mängeln erbracht hat. *Nach* der Abnahme ist die Situation umgekehrt: Jetzt liegt es am Käufer, den Nachweis zu erbringen, dass der gerügte Mangel tatsächlich vorhanden und vom Bauträger verschuldet ist. Dieser Nachweis kann oftmals nur schwer erbracht werden.

Beispiel: Der Käufer der Wohnung rügt nach Abnahme den zerkratzten Parkettboden. Der Bauträger behauptet nun seinerseits, dass die Kratzer bei Abnahme nicht vorhanden waren und die Ursache wohl eher in den unachtsamen Umzugshelfern des Käufers zu sehen ist.

Der Käufer sollte somit darauf Acht geben, dass er u. a. alle optischen sowie funktionellen Mängel, wie beispielsweise fehlende Elemente oder Teile, Kratzer oder nicht bzw. nicht richtig funktionierende Vorrichtungen (wie Fenster oder Türen) und sonstige Beschädigungen in das Protokoll aufnehmen lässt.

Außerdem sollten auch alle Details protokolliert werden, die der Käufer als nicht vertragsgemäß empfindet, ohne dass tatsächlich ein Mangel erkennbar sein muss bzw. tatsächlich vorzuliegen hat. Das Protokoll sollte jedenfalls von beiden Parteien unterschrieben und jeweils ein Exemplar des Protokolls behalten werden.

Der mit der formellen Abnahme begründete Übergang von Gefahren und Risiken bedeutet, dass beispielsweise die Gefahr des Untergangs (zum Beispiel durch Brand) der Immobilie nunmehr beim Käufer liegt. Der Käufer muss somit unbedingt für die Versicherungen der Immobilie sorgen, insbesondere gegen Brand-, Wasser- oder Sturmschäden.

## Vorbereitung auf die Abnahme

Die Abnahme ist aufgrund der *Beweislastumkehr* (siehe oben) eine wichtige Zäsur. Bereiten Sie sich deshalb gut auf die Abnahme vor. Besichtigen und überprüfen Sie die Wohnung bereits vor dem Abnahmetermin selbst und in aller Ruhe. Nehmen Sie sich hierfür ausreichend Zeit. Nicht alle Mängel sind offensichtlich und springen gleich ins Auge. Erstellen Sie selbst eine eigene vorläufige Mängelliste.

Falls Sie aus Ihrer Sicht einen wirklich erheblichen Mangel entdeckt haben (z. B. undichte Wasserleitung) oder Sie sich insgesamt unsicher fühlen, so beauftragen Sie einen Fachmann, wie etwa einen Architekten, Bausachverständigen oder Rechtsanwalt, der Ihnen bei der Abnahme mit Rat und Tat zur Seite steht.

## **Checkliste:** Abnahme

### Räume

- ▶ Entsprechen Anordnung und Größe der Räume den Plänen? Gilt das auch für Kellerabteil, Dachboden, Terrasse, Garten, Stellplatz?
- ▶ Entspricht die tatsächliche Gesamtwohnfläche der im Plan bzw. Vertrag angegebenen Fläche? Größere Abweichungen sind keine Seltenheit!

### Wände/Decken

- ▶ Ist der Putz gleichmäßig aufgetragen, mit einheitlicher Oberflächenstruktur?
- ▶ Sind alle Tapeten fachgerecht aufgebracht (Anschlüsse, Stöße, Nähte)?
- ▶ Sind alle Anstriche sorgfältig aufgetragen?

### Türen

- ▶ Entsprechen Öffnungsradius, Öffnungsrichtung, Türhöhen und Türbreiten der Planung?
- ▶ Lassen sich alle Türen leichtgängig öffnen und schließen? Klemmt nichts?
- ▶ Funktioniert der Schließmechanismus bei jeder Tür? Klemmt nichts?
- ▶ Ist zu jedem Türschloss der passende Schlüssel/Ersatzschlüssel vorhanden?

- Ist der Anschluss der Zargen an der Wand korrekt ausgeführt?
- Sind die Türblätter und die Zargen frei von Beschädigungen und frei von Farb- und Putzspritzern?

### Fenster

- Entsprechen Anzahl, Höhe und Breite den Plänen? Ist die zugesicherte Sicherheitsstufe (z. B. »WK 2«) erfüllt?
- Entsprechen der Öffnungsradius und die Öffnungsrichtungen der Planung?
- Lassen sich die Fenster leichtgängig öffnen und wieder schließen? Sind die Fenster dicht?
- Sind auf der Glasoberfläche keine Kratzer?
- Sind die Fensterbänke frei von Kratzern oder Beschädigungen und sind diese exakt waagerecht eingebaut? Prüfen Sie dies mit einer Wasserwaage nach!
- Ist der Wandanschluss fachgerecht ausgeführt?
- Rollläden: Ist der Ein- und Auszug leichtgängig? Klemmt nichts?
- Außenjalousien: Laufen die Jalousien exakt lotrecht, ohne zu klemmen?

### Boden

- Sind die Bodenbeläge eben verlegt? Keine Wellen, keine Wölbungen? Gibt es »Stolperkanten«?
- Sind die Fugenbreiten (insbes. Fliesen) exakt und gleichmäßig gearbeitet?
- Haben sich bereits Risse gebildet?
- Stimmen die Verlegemuster?
- Sind die Bodenbeläge frei von Beschädigungen oder Verschmutzungen?
- Sind alle Fußleisten ordentlich verlegt?

## Elektrik

- Entspricht die Anzahl der Schalter, Steckdosen, Telefon- und Mediaanschlüsse der Baubeschreibung?
- Funktionieren alle Schalter, Steckdosen und Anschlüsse? Jeden einzeln testen!
- Sind alle Anschlüsse für Decken-, Wand- und Bodenlampen vorhanden und mit einer entsprechenden Sicherung im Sicherungskasten versehen? Wurde hier etwas vergessen?
- Sind die Klingelanlage und die Gegensprechanlage voll funktionsfähig?

## Heizung

- Ist die Oberfläche der Heizkörper frei von Beschädigungen/Kratzern (oftmals verursacht durch andere Handwerker)?
- Entsprechen die Größe/Breite der Heizkörper und die Heizleistung der Baubeschreibung? Wurden auch Nebenräume (Abstellkammer, Flure) mit Heizkörpern versehen (sofern in der Baubeschreibung vorgesehen)?
- Ist die Heizung ausreichend dimensioniert? Werden auch bei Minusgraden alle Räume ausreichend warm? Messen Sie mit einem Thermometer nach!

## Bäder

- Entspricht die Ausstattung des Badezimmers der Baubeschreibung? Welche Marken wurden verbaut? Sind Handtuchhalter, Haken, Duschtrennwand laut Beschreibung vorhanden?
- Sind Revisionsschächte für die spätere Wartung vorhanden?
- Funktionieren alle Wasserhähne (warm/kalt) mit ausreichendem Druck?
- Tritt irgendwo Wasser aus (z.B. undichte Badewanne, Duschtrennwand, seitlich an den Armaturen)?
- Ist bei einem fensterlosen Bad eine (automatische?) Entlüftung vorhanden?

### Küche

- Entspricht die Zahl der Steckdosen, Stromanschlüsse (Starkstrom?) der Baubeschreibung?
- Ist eine (automatische?) Entlüftung vorhanden und ist diese funktionsfähig?
- Sind alle Wandfliesen (in der richtigen Höhe, an der richtigen Stelle!) ordentlich verlegt?

### Sonstiges

- Schlüssel: Werden alle Schlüssel für Hauseingang, Wohnungstür, Fenster, Keller, Garten, Garagen, Briefkasten und Müllhäuschen in der vorgesehenen Anzahl übergeben?
- Dokumentation: Werden alle Anleitungen, Gerätebeschreibungen und Garantiezertifikate übergeben?

(Checkliste in Anlehnung an: Stiftung Warentest: *Eigentumswohnung – Auswahl und Kauf*, 2012)

**Praxistipp:** Verzichten Sie bei der Abnahme auf das Halbwissen des eigenen Freundes- und Bekanntenkreises. Solche Personen werden in der Praxis bei der Abnahme vonseiten der Bauträger nicht wirklich ernst genommen und sorgen unter Umständen vielmehr dafür, dass auf beiden Seiten die Emotionen hochkochen. Mit dem Ergebnis, dass man z.B. stundenlang über kleine Kratzer im Parkett debattiert, der fehlerhafte Einbau der Fußbodenheizung aber dann übersehen wird. Können Sie sich mit dem Bauträger über das Vorhandensein eines Mangels nicht einigen, so halten Sie beide Standpunkte im Abnahmeprotokoll fest. Fügen Sie dem Abnahmeprotokoll gegebenenfalls Fotos und Skizzen bei.

# **Mustertext:** Abnahmeprotokoll

*Objekt: _____*
*Objektnummer: _____*
*Datum: _____*

## Abnahmeprotokoll zur Wohnung/zum Haus Nummer: _____

I. Zu der auf heute angesetzten Abnahme über die übertragene Gesamtleistung/folgende Teilleistungen *(Teilleistungen aufführen)* sind erschienen:

*Für den Bauherrn/Käufer:* _____

*Für den Bauträger/Auftragnehmer:* _____

*Ggf. für den mit der Objekt-*
*überwachung beauftragten Architekten:* _____

*Ggf. für den vom Bauherrn/Käufer*
*beauftragten Sachverständigen:* _____

*Die Ausführung der abgenommenen Leistung*
*wurde begonnen am* _____
*und am* _____ *beendet.*

II. Der Bauherr/Käufer erklärt:

*Die Abnahme erfolgt ohne sichtbare Mängel.*

*Oder: Die Abnahme erfolgt mit nachstehend aufgeführten Mängeln:*
1 _____
2 _____
3 _____
4 _____
5 _____

*Oder: Die Abnahme wird mit folgender Begründung verweigert:*
_____

*III. Die aufgeführten Mängel sind unverzüglich, spätestens jedoch bis zum _____ vollständig zu beheben. Gerät der Auftragnehmer/Bauträger damit in Verzug, ist der Auftraggeber/Käufer berechtigt, auf Kosten des Auftragnehmers die Mängelbeseitigung vornehmen zu lassen. Alle Ansprüche auf Gewährleistung und Schadenersatz bleiben unberührt.*

*IV. Falls bis zum angegebenen Termin die gerügten Mängel nicht beseitigt sind, wird hiermit vorsorglich ohne weitere Fristsetzung die Mängelbehebung durch den Auftragnehmer/Bauträger abgelehnt und die Einschaltung einer anderen Firma zur Mängelbeseitigung auf Kosten des Auftragnehmers/Bauträgers vorbehalten. Die Geltendmachung weiterer/anderer Gewährleistungs- und Schadenersatzansprüche bleibt ausdrücklich vorbehalten.*

*Ort und Datum: _____*

*(Unterschriften von Bauherrn/Käufer/Auftraggeber
sowie Auftragnehmer/Bauträger)*

## 100 Prozent mangelfrei?

Noch ein wichtiger Hinweis: Die 100 Prozent mangelfreie Wohnung gibt es nicht! Sie werden bei *jeder* Abnahme Mängel entdecken. Dies ist also der Normalfall und kein Grund zur Besorgnis. Jeder seriöse Bauträger wird die entdeckten Mängel innerhalb eines überschaubaren Zeitrahmens auf seine Kosten beseitigen.

Unterscheiden Sie zudem zwischen der Abnahme des Sondereigentums (also der Wohnung an sich) und der Abnahme des Gemeinschaftseigentums (z. B. Fahrstuhl, Treppenhaus, Außenlagen). Die Abnahme des Gemeinschaftseigentums ist nicht Sache des einzelnen Wohnungskäufers, sondern wird durch die Eigentümergemeinschaft durchgeführt. Diese beauftragt hierfür über die Hausverwaltung meist einen öffentlich bestellten und vereidigten Bausachverständigen.

## Mustertext: Mängelrüge mit Fristsetzung

*Sehr geehrte Damen und Herren,*

*bis heute haben sich an Ihrer Werkleistung folgende Mängel gezeigt:*

_____
_____
_____
_____
_____

*Wir fordern Sie hiermit auf, diese Mängel bis spätestens zum _____ zu beseitigen.*

*Um die Arbeiten zur Mängelbeseitigung entsprechend zu koordinieren, bitten wir um rechtzeitige telefonische Terminabsprache.*

*Mit freundlichen Grüßen*

_____
*Unterschrift*

(Musterschreiben in Anlehnung an: Aschenbrenner/Metzer/Sterns, *Baumängel und Bauschäden erkennen und erfolgreich reklamieren*, Haufe Verlag, 2009)

**Praxistipp:** Bei einer Mängelrüge müssen Sie jeden einzelnen Mangel, so wie er sich Ihnen darstellt, genau beschreiben. Eine schlagwortartige Mängelbeschreibung (»das Dach ist undicht«, »die Fliesen sind nicht fachgerecht verlegt« oder »drei von fünf Fenstern schließen nicht richtig«) sind zu ungenau. Sie müssen sich also der Mühe unterziehen, die Mängel so genau zu beschreiben, dass sogar ein Fremder das Bauvorhaben betreten und die Mängel ausschließlich anhand Ihrer schriftlichen Beschreibung zweifelsfrei finden könnte.

## Energieausweis: alles im grünen Bereich?

Die Energieeinsparverordnung (EnEV) gehört zum offiziellen Energiekonzept der deutschen Bundesregierung. Darin schreibt der Gesetzgeber die Standardanforderungen zum energieeffizienten Betriebsenergiebedarf von Wohngebäuden, Bürogebäuden und klar definierten Betriebsgebäuden vor. Die Novelle der EnEV zum Stichtag vom 1. Mai 2014 ist die vierte Neufassung seit 1970 und zielt darauf ab, in Gebäuden noch mehr Energie einzusparen. Mit ihr verschärfen sich die energetischen Anforderungen an die Gebäudehülle um durchschnittlich 20 bis 25 Prozent. Die aktuelle EnEV 2014 ersetzt die bis zuletzt geltende EnEV 2009.

Mit Einführung der neuen EnEV wurden nicht nur höhere Anforderungen an Neubauwohnimmobilien gestellt. Auch der bereits vor Jahren eingeführte *Energieausweis* erfuhr eine Stärkung seiner Position. Auf dem Ausweis können Kauf- und Mietinteressenten auf einen Blick sehen, wie es um die Energiekennwerte einer Immobilie steht. Ob eine Immobilie über eine »warme Mütze« verfügt und als energieeffizient gelten kann, ist gerade heute, angesichts hoher Energiekosten, kein unwesentlicher Aspekt.

Nach altem Stand des Energieausweises wurden die Werte, insbesondere der Energieverbrauchskennwert, auf dem Energieausweis im Wesentlichen über eine Farbskala mit Farbverlauf von grün (energieeffizient) nach rot (weniger effizient) dargestellt. Bei den seit 1. Mai 2014 ausgestellten Ausweisen wird neben der Farbskala auch die Effizienzklasse abgebildet. Ähnlich wie bei Haushaltsgeräten werden diese mit einer Skala von A+ bis H angegeben. Gebäude mit der Effizienzklasse A+ sind als energieeffizient (< 30 kWh/m²) einzustufen, während die Effizienzklassen absteigend bis H (< 250 kWh/m²) jeweils eine geringere Energieeffizienz anzeigen. Bei Immobilien, die beim Thema Energie schlecht aufgestellt sind, sehen Sie künftig also nicht nur rot. Auch die abgebildeten Buchstaben sprechen eine deutliche Sprache.

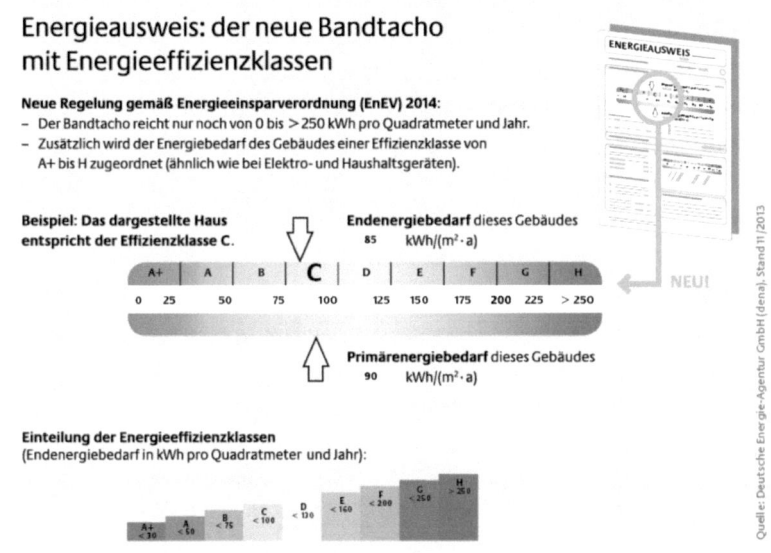

*Der neue Energieausweis mit Effizienzklassen*

## Pflichten des Bauträgers

Erst einmal etwas Grundsätzliches: Sie haben eine schöne Marketingbroschüre eines Bauträgers zu einem attraktiven Neubauprojekt vor sich liegen, das Ihnen ein KfW-Effizienzhaus 70 schmackhaft machen möchte? Dann seien Sie beruhigt: Wenn Ihr Bauträger mit dem Gütesiegel der deutschen Energie-Agentur (dena) wirbt und Ihnen im Folgenden ein »KfW-Effizienzhaus 70« verkauft, dann ist er auch verpflichtet, bei seinem Bauwerk den angekündigten hohen energetischen Standard einzuhalten. Sofern in einem Exposé nur vage Aussagen zur Energieeffizienz gemacht werden, sollten Sie genau nachfragen, wie es um diesen wichtigen Punkt steht.

Für viele Käufer ist es verwirrend, aber es ist ein logischer Sachverhalt: Der Energieausweis wird bei Neubau-Immobilien erst am Ende der Bautätigkeit erstellt. Gemäß § 16 Abs. 1 EnEV ist es die Pflicht des Bauherrn (Ihres Bauträgers), mit Fertigstellung der Immobilie die Erstellung eines gültigen Energieausweises zu veranlassen. Laut § 16 Abs. 2 EnEV besteht die Vorlagepflicht des Energieausweises für »ein mit einem Gebäude bebautes Grundstück«. Das bedeutet für Sie: Vor Beginn der Baumaßnahmen vorliegende Baugenehmigungsunterlagen mit Bedarfsberechnungen und Wärmeschutznachweis ermöglichen zwar noch keine Ausstellung eines Energieausweises. Doch sobald die Immobilie steht, muss Ihr Bauträger Ihnen dieses Dokument unaufgefordert und unverzüglich vorlegen (§ 16 Abs. 2 Satz 2 und 3 EnEV). Die Vorlagepflicht gilt übrigens auch bei der Besichtigung eines bereits erstellten Neubauobjektes, das noch auf Käufer oder Mieter wartet. Hier genügen allerdings auch die Vorlage des Energieausweises in Form einer Kopie oder ein deutlich sichtbarer Aushang bzw. ein Auslegen der nötigen Informationen während der Besichtigung (§ 16 Abs. Satz 1 2.HS EnEV).

## Welcher Ausweis muss es sein?

Es gibt mit der EnEV 2014 nach wie vor zwei Arten von Energieausweisen: den Verbrauchsausweis und den Bedarfsausweis. Beide Dokumente, auch alte Versionen nach EnEV 2009, sind zehn Jahre ab Erstellung gültig. Für Sie als baldiger Neubau-Immobilienbesitzer gilt: Sie erhalten den Bedarfsausweis. Die künftige Energieeffizienz wird von einem Sachverständigen anhand des veranschlagten jährlichen Energiebedarfs für die Beheizung, die Warmwasseraufbereitung und die Wohnungsbelüftung errechnet. In diese Energiebedarfsrechnung finden somit das Baumaterial und die Bauweise, die Heizungsanlage und die entsprechende Lüftung ebenso Eingang wie eine etwaige Nutzung von Solaranlagen, Wärmepumpen und anderen regenerativen Energien. Wer eine Neubauwohnung erwirbt, sollte bei der Sichtung der Werte berücksichtigen, dass sich der Ausweis auf das gesamte Mehrfamilienhaus und nicht auf die einzelne Wohnung allein bezieht.

> **Praxistipp:** Wie oben beschrieben besteht gemäß § 16 Abs. 2 Satz 1 EnEV seit 1. Mai 2014 eine direkte Verpflichtung zur unaufgeforderten Vorlage des Energieausweises oder der Energieausweiskopie bei Besichtigung des Objektes. Eigentümern, die bei einer Vermietung oder einem Verkauf ihrer Immobilie keinen Energieausweis vorlegen können, droht ein Bußgeld von bis zu 15.000 Euro.

Der verbrauchsorientierte Energieausweis betrifft Sie als Käufer eines Neubauobjektes nicht. Er berücksichtigt den Energieverbrauch der Bewohner einer Immobilie. Gemessen wird ein Zeitraum von mindestens drei Jahren. Der Ausweis gibt im Gegensatz zum Bedarfsausweis aber keinen Hinweis auf den »Primärenergiebedarf« und verfügt so auch nur über wenig konkrete Aussagekraft bezüglich des energetischen Zustands eines Gebäudes und seiner Gebäudehülle. Lesen Sie auf dem Verbraucherportal der Deutschen Energie-Agentur unter www.zukunfthaus.info mehr zum Thema.

# Pflichtangaben:

Auch in Immobilienanzeigen, Exposés und auf Internetportalen müssen seit Mai 2014 Angaben aus den Energieausweisen veröffentlicht werden. Verbindlich!

Zu den Pflichtangaben in jedem kommerziellen Print- oder Online-Inserat gehören folgende Daten:

- Die Art des vorliegenden Energieausweises (Bedarfs- oder Verbrauchsausweis),
- Der jeweilige im Energieausweis angegebene Endenergiebedarf oder Endenergieverbrauch in Kilowattstunden pro Quadratmeter und das Baujahr
- Der im Energieausweis genannte wesentliche Energieträger der Heizung des Gebäudes (z.B. Öl, Gas, Fernwärme, Pellets etc.)
- Das Baujahr des Gebäudes

- Die Effizienzklasse, sofern ein neu ausgestellter Energieausweis mit Effizienzklasse vorliegt (Stichtag Mai 2014). Liegt ein älterer und noch gültiger Energieausweis vor, müssen die darin angegebenen Daten für den Endenergiebedarf oder Endenergieverbrauch bzw. der Energieträger der Heizung veröffentlicht werden.

# Baumängel und Gewährleistung

Zu den wohl häufigsten Streitpunkten gehören zweifelsohne Baumängel bzw. »Sachmängel an Bauwerken« (um im Juristendeutsch zu bleiben).

In diesem Kapitel beschäftigen wir uns deshalb nochmals intensiver mit dem Thema Baumangel und Gewährleistung.

Wenn Sie bedenken, dass bei der Fertigstellung eines Hauses viele unterschiedliche Personen bzw. Firmen mitwirken, wie beispielsweise Architekt, Bauleiter, Handwerker, Lieferanten und Helfer, ist es nicht unwahrscheinlich, dass sich Fehler einschleichen. Insbesondere bei großen Bauwerken können unterschiedliche Organisationsebenen in Erscheinung treten, beispielsweise bei der Beauftragung eines Generalunternehmers durch den Bauherrn oder die Beauftragung von Subunternehmern durch den Generalunternehmer.

Das bekannteste Beispiel für enorme Baumängel ist sicherlich der neue Berliner Flughafen BER Berlin Brandenburg Airport. Laut Medienberichten sind auf dieser Baustelle mehr als 75.000(!) Baumängel festgestellt und dokumentiert worden.

Bei Bauwerken ist es jedoch häufig so, dass viele Fehler erst einige Zeit *nach der Abnahme* des Objekts auftreten bzw. vom Käufer/Abnehmer des Objekts erst dann überhaupt entdeckt werden. Um selbst bei späten Mängelentdeckungen keine Nachteile zu erleiden, bietet der BGB-Gesetzgeber das Rechtsinstitut des *Gewährleistungsrechts* an, mit dem der Käufer seine Ansprüche durchsetzen können soll.

Es sind unterschiedliche Fehler und Fehlerquellen denkbar, die je nach Bedeutung und Ausmaß des Mangels unterschiedliche Gewährleistungsdimensionen annehmen können und in der Praxis nicht selten anhand von (teuren) Sachverständigengutachten nachgewiesen werden müssen.

Die Mängel an einem Bauwerk können sich beispielsweise in der Funktion (funktionelle Mängel) oder im Erscheinungsbild (optische Mängel) bemerkbar machen. Wie bereits angesprochen, können diese Mängel aber auch »versteckt« sein und erst nach der Abnahme »auftauchen« (versteckte Mängel). Dabei können Mängel bei der Planung (Planungsmängel), Ausführung (Ausführungsmängel), Koordinierung (Koordinierungsmängel) sowie an den verwendeten Baustoffen selbst (Produktmängel) vorliegen.

Je nachdem, wann die Mängel bemerkt werden, sind unterschiedliche Handlungsmöglichkeiten zu empfehlen. So sollten Mängel, die bereits *vor* der Abnahme des Objekts entdeckt werden, zwingend Eingang in das Abnahme- bzw. Übergabeprotokoll finden. Das werkvertragliche Gewährleistungsrecht aus den §§ 634 ff. BGB findet Anwendung *nach* der Abnahme des Werkes. *Vor* Abnahme des Werkes gelten die allgemeinen Ansprüche aus dem BGB.

Sie sind sich nicht sicher, ob Sie einen tatsächlichen Mangel gefunden haben? Nehmen Sie ihn auf jeden Fall in das Abnahme- bzw. Übergabeprotokoll auf, um ihn im Anschluss von Spezialisten begutachten zu lassen. Andernfalls riskieren Sie, dass Sie die mit Mängeln behaftete Sache als ordnungsgemäß abgenommen haben und unter Umständen später keine Gewährleistungsrechte geltend machen können.

## Werkvertragsrecht

Der Bauträgervertrag unterliegt den *werkvertraglichen* Regelungen des BGB (§§ 631 BGB ff.). Mit dem begründeten Rechtsverhältnis schulden sich die Parteien gegenseitige Leistungen, die sie im Bauträgervertrag festgehalten haben. Für alle nicht festgehaltenen Leistungen gilt grundsätzlich das BGB. Abweichungen vom BGB sind in gewissen Grenzen zulässig. Jedoch gilt grundsätzlich, dass sich der Bauträger nach § 633 Abs. 1 BGB mit Abschluss des Bauträgervertrages gegenüber dem Käufer verpflichtet hat, die einwandfreie Ausführung der vertraglich übernommenen Verpflichtungen zu verantworten und die Immobilie bzw. das Bauwerk mangelfrei zu verschaffen.

Für den Laien ist zunächst einmal unklar, was das Gesetz als *Mangel* in diesem Sinne versteht und welche Rechtsfolgen bzw. Handlungsalternativen es mit sich bringt bzw. dem Käufer des Bauwerks eröffnet. Das werkvertragliche Gewährleistungsrecht beinhaltet umfangreiche Regelungen, die nachfolgend kurz umrissen werden sollen.

## Beschaffenheitsvereinbarung

Der Wortlaut des § 633 Abs. 1 BGB besagt:

> *»Der Unternehmer hat dem Besteller das Werk frei von Sach- und Rechtsmängeln zu verschaffen.«*

Was Freiheit von Sachmängeln bedeutet, wird ebenfalls im Gesetz definiert.

> § 633 Abs. 2 Satz 1 BGB besagt:
> *»Das Werk ist frei von Sachmängeln, wenn es die vereinbarte Beschaffenheit hat.«*

Insofern ist die im notariellen Vertrag von den Parteien *vereinbarte Beschaffenheit* maßgebend für die Beurteilung, ob ein Mangel im Sinne des Gesetzes vorliegt oder nicht. Diese von den Parteien bauträgervertraglich vereinbarte Beschaffenheit wird auch als sogenannte »Soll-Beschaffenheit« bzw. als der »Soll-Zustand« bezeichnet. Die tatsächliche Beschaffenheit der Immobilie, wie sie vom Käufer abgenommen worden ist, wird dahingegen als »Ist-Beschaffenheit« bzw. »Ist-Zustand« bezeichnet. Für die Beurteilung des Vorliegens eines Mangels sind Soll- und Ist-Zustand bzw. Soll- und Ist-Beschaffenheit gegenüberzustellen. Das heißt, dass man einen Mangel immer dann annehmen kann, wenn der Ist-Zustand in negativer Weise vom vertraglich geschuldeten Soll-Zustand abweicht.

### Beispiel

Die Parteien vereinbaren im notariellen Bauträgervertrag, dass der gesamte Fußboden in der Neubauwohnung mit Granit ausgestattet werden soll.

Bei der Abnahme fällt dem Käufer sofort auf, dass auf dem Fußboden lediglich Laminat Verwendung fand.
- Soll-Zustand = Granitfußboden
- Ist-Zustand = Laminatfußboden
- Negative Abweichung des Ist-Zustandes zum Soll-Zustand = **Mangel**

In der Praxis ist jedoch sehr häufig so, dass die Beschaffenheit nicht ausdrücklich vertraglich vereinbart wurde, entweder weil die Vertragsparteien diesen Aspekt vergessen oder Vereinbarungen zu diesem Thema als nicht notwendig erachtet haben.

### Keine Beschaffenheitsvereinbarung

Falls in Bezug auf eine Eigenschaft des Bauwerkes keine notariell beurkundete Vereinbarung vorliegt, sieht das Gesetz in § 633 Abs. 2 Satz 2 BGB vor:

> »Soweit die Beschaffenheit nicht vereinbart ist, ist das Werk frei von Sachmängeln,
> 1. wenn es sich für die nach dem Vertrag *vorausgesetzte*, sonst
> 2. für die **gewöhnliche Verwendung** eignet und eine Beschaffenheit aufweist, die bei Werken der gleichen Art üblich ist und die der Besteller nach der Art des Werkes erwarten kann.«

Demnach kann ein Mangel vorliegen, wenn sich die Beschaffenheit für die nach dem Vertrag *vorausgesetzte* oder für die *gewöhnliche* Verwendung nicht eignet und über eine Beschaffenheit verfügt, die bei Immobilien der gleichen Art nicht üblich und nicht zu erwarten ist. Somit steht als zentraler Begriff des § 633 Abs. 2 BGB die Verwendungseignung im Vordergrund.

In diesem Zusammenhang ist beispielsweise auch der Verkehrswert eines Bauwerkes maßgeblich. Schließlich gehört zur Verwendung bzw. Verwendbarkeit eines Bauwerks auch die Veräußerung dessen. In der höchstrichterlichen Rechtsprechung ist in diesem Zusammenhang auch der sogenannte »merkantile Minderwert« von Bedeutung (siehe das Urteil des BGH vom 14.1.1971, Aktenzeichen VII ZR 3/69: »*Ein die*

*Gebrauchsfähigkeit des Bauwerks erheblich beeinträchtigender wesentlicher Mangel ist auch insoweit gegeben, als der Mangel einen erheblichen merkantilen Minderwert begründet.«).*

Außerdem kann sich der Verwendungsmangel auch aus einer anderweitigen Minderwertigkeit des Werkes ergeben, wie beispielsweise bei einer fehlenden Wärmedämmung, die für gewöhnlich in jedem bewohnbaren Haus vorausgesetzt werden kann (siehe Entscheidung des OLG Schleswig vom 9.12.1999, Aktenzeichen 2 U 18/99).

Darüber hinaus kann sich der Mangel auch daraus ergeben, dass die erbrachte Leistung »störende Eigenschaften« mit sich bringt, wie beispielsweise die Störanfälligkeit einer Anlage, Pilzbefall, einen fehlenden Schallschutz oder etwa die Öffnung der Kellertür nach außen (OLG Koblenz, Urteil vom 5.10.1955, Aktenzeichen 5 U 1229/24: *»Es stellt einen Werkmangel dar, wenn ein Unternehmer eine verabredete Kellerausgangstür so anschlägt, dass sie nach außen aufgeht.«).*

In diesem Rahmen können auch Unterschreitungen der vertraglich vereinbarten Wohnfläche um mehr als zehn Prozent als »Fehler auch ohne Zusicherung der Größe« genannt werden. Vergleichen Sie dazu das Urteil des BGH vom 11.7.1997, Aktenzeichen V ZR 246/96: *»Der Begriff ‚Wohnfläche' ist auslegungsbedürftig [...]. Ist die Wohnfläche einer Wohnung mehr als 10 % kleiner als nach dem Werkvertrag geschuldet, so liegt hier ein Fehler vor, der den Erwerber zur Minderung der Vergütung berechtigt, auch wenn die Größe nicht zugesichert war.«*

## Rechtsmangel

Der Gesetzgeber hat zum werkvertraglichen Begriff des »Sachmangels« (ebenso wie beim kaufvertraglichen Pendant, § 435 Satz 1 BGB) auch den Begriff des »Rechtsmangels« in § 633 Abs. 3 BGB vorgesehen. Die Norm sieht vor, dass das Bauwerk frei von Rechtsmängeln ist,
  *»[...] wenn Dritte in Bezug auf das Werk keine oder nur die im Vertrag übernommenen Rechte gegen den Besteller geltend machen können«.*

Damit fallen hierunter insbesondere dingliche sowie sonstige »absolute Rechte« Dritter, welche in der Lage sind, den Besitz und die Nutzung des Bauwerks zu beeinträchtigen. So sind beispielsweise die Herausgabeansprüche von Dritten in Bezug auf die vom Bauträger zu beschaffenden Bauteile zu nennen sowie das fehlende Sondereigentum an einem Teil der als zur Eigentumswohnung gehörenden verkauften Räumlichkeiten.

Liegt ein Rechtsmangel vor, der nicht »unwesentlich« im Sinne des § 640 Abs. 1 Satz 2 BGB ist, kann der Käufer sogar unter Umständen die Abnahme des Bauwerkes verweigern (siehe Darstellungen weiter unten).

## Folgen eines Mangels

Die im Gesetz vorgesehene Gewährleistung des Bauträgers aufgrund eines Mangels bezieht sich in der Regel auf das von ihm hergestellte Bauwerk. Da das Gesetz die Vorschriften des Werkvertragsrechts heranzieht, gelten für die Rechte des Käufers (laut Gesetz »Besteller« des Werkes) die Bestimmungen des § 634 BGB.

Die Norm sieht mehrere Möglichkeiten vor, die je nach Vorliegen der gesetzlichen Voraussetzungen eines Mangels bei einem mangelhaften Bauwerk herangezogen werden können.

So sieht das Gewährleistungsrecht

- nach § 635 BGB die *Nacherfüllung vor*,
- nach § 637 BGB die *Selbstbeseitigung* des Mangels und Ersatz der erforderlichen Aufwendungen,
- nach den §§ 636, 323, 326 Abs. 5 BGB den *Rücktritt* vom Bauträgervertrag,
- nach § 638 BGB die *Minderung* der Vergütung,
- nach den §§ 636, 280, 281, 283, 311a BGB *Schadensersatzansprüche*
- oder nach § 284 BGB den Ersatz vergeblicher Aufwendungen.

## Nacherfüllung

Grundsätzlich muss zunächst der *Nacherfüllungsanspruch* nach § 635 BGB geltend gemacht werden (§§ 634 Nr. 1, 635 BGB). Der Käufer muss dem Bauträger eine angemessene Frist zur Nacherfüllung setzen (siehe dazu das Musterschreiben oben). Nach dem Wortlaut der Norm kann der Käufer in diesem Zusammenhang zwischen der Mangelbeseitigung oder der Herstellung eines neuen mangelfreien Werkes wählen, wobei Letzteres bei einem Bauträgervertrag – nach Erreichen eines bestimmten Stadiums – eher weniger relevant sein wird, da dem Bauträger ein Verweigerungsrecht zusteht, wenn die Nacherfüllungsform nur mit unverhältnismäßigen Kosten möglich ist (gemäß § 635 Abs. 3 BGB).

Die Verweigerungsrechte des Bauträgers werden in § 635 BGB festgehalten. Zum einen gilt dies – wie bereits angesprochen –, wenn die Nacherfüllung nur mit unverhältnismäßig hohen Kosten möglich ist, oder aber (nach den §§ 275 Abs. 2, Abs. 3 BGB), wenn diese einen unverhältnismäßigen Aufwand erfordert bzw. nicht zugemutet werden kann.

Dabei ergibt sich die Unverhältnismäßigkeit, die zu einem Verweigerungsrecht führen kann, im Zweifel aus einem krassen Missverhältnis von Nacherfüllungskosten einerseits und dem durch den Mangel ausgelösten objektiven Wertverlust des Bauvorhabens sowie dem objektiven Gesamtwert des Bauwerks andererseits.

Außerdem gilt, dass alle Kosten, die im Rahmen der Nacherfüllung entstehen, wie beispielsweise Transport-, Wege-, Arbeits- oder Materialkosten, vom Bauträger zu tragen sind (§ 635 Abs. 2 BGB).

> **Praxistipp:** Der Anspruch auf Nacherfüllung, also das Verlangen der Mangelbeseitigung, ist in der Praxis der Hauptanwendungsfall des Gewährleistungsrechts. Lassen Sie ein entsprechendes Verlangen Ihrem Bauträger immer schriftlich per Einschreiben mit Rückschein zukommen (siehe dazu das Musterschreiben oben). Nur so können Sie auch gerichtsfest den Zugang nachweisen. Setzen Sie außerdem eine kalendermäßig bestimmte Frist, sprechen Sie also nicht von »in den nächsten Wochen«, sondern definieren Sie einen genauen Zeitpunkt, also etwa »bis spätestens 31.3.2015«.

> Achten Sie darauf, dass die Fristsetzung angemessen ist und der Bauträger auch noch Luft zum Atmen hat. Eine umfangreiche Mängelbeseitigung innerhalb von nur drei Tagen wird sich auch bei bestem Willen nicht realisieren lassen!

## Selbstvornahme

Kommt der Bauträger dem Nacherfüllungsverlangen des Käufers nicht innerhalb der angemessenen Frist, die ihm der Käufer gesetzt hat, nach, kann der Käufer die Sache selbst in die Hand nehmen und den Mangel nach § 637 BGB selbst beseitigen bzw. beseitigen lassen, indem er beispielsweise einen *eigenen Handwerker* beauftragt und vom Bauträger Ersatz der erforderlichen Aufwendungen verlangen kann, sofern der Bauträger die Nacherfüllung nicht zu Recht verweigert haben sollte.

Wenn der Bauträger die Mangelbeseitigung ernsthaft und endgültig verweigert hat (§§ 637 Abs. 2, 323 Abs. 2 BGB), kann eine Fristsetzung sogar entbehrlich sein. Und zwar dann, wenn aufgrund des Vorliegens von Gefahr im Verzug eine sofortige Selbstvornahme gerechtfertigt ist oder wenn die Nacherfüllung fehlgeschlagen bzw. dem Käufer unzumutbar ist.

Auch ist es möglich, die Aufwendungen für die Selbstvornahme als Vorschuss zu verlangen (§ 637 Abs. 3 BGB). In der Praxis ist so ein Vorschuss wohl aber nur schwer durchsetzbar.

## Rücktritt

Nach den §§ 634 Nr. 3, 636 BGB sieht das Gesetz zugunsten des Käufers auch ein Rücktrittsrecht vor.

In diesem Zusammenhang gilt, dass grundsätzlich die Frist zur Nacherfüllung fruchtlos abgelaufen sein muss. Das Gebrauchmachen vom Rücktrittsrecht führt zur Rückabwicklung des Bauträgervertrages nach den §§ 346 ff. BGB und stellt somit ein echtes Gestaltungsrecht dar. Anzumerken ist außerdem, dass das Rücktrittsrecht nicht einen Anspruch auf Schadensersatz ausschließt, sondern dass beide Ansprüche auch nebeneinander geltend gemacht werden können (§ 325 BGB).

Das Rücktrittsrecht kann jedoch ausgeschlossen sein, wenn beispielsweise die Mängel nur geringfügig sind (§ 323 Abs. 5 Satz 2 BGB), wobei dieser Grund bei der Minderungsoption keine Anwendung findet (nach § 638 Abs. 1 Satz 2 BGB), bei einer alleinigen oder weit überwiegenden Mitverantwortung des Käufers für den Mangel des Bauwerks (§ 323 Abs. 6 BGB), bei einem Annahmeverzug des Käufers (§ 323 Abs. 6 BGB) oder der vorbehaltslosen Abnahme des Bauwerks durch den Käufer nach § 640 Abs. 2 BGB.

Anzumerken ist, dass der Rücktritt und die Rückabwicklung bei Bauträgerverträgen in der Praxis nur in seltenen Fällen Anwendung finden, da der Käufer immer zuerst Nacherfüllung (siehe oben) verlangen muss.

### Minderung

Wenn der Käufer trotz der Mängel am Bauwerk an dem Vertrag festhalten möchte, gewährt ihm das Gesetz die Möglichkeit eines Minderungsanspruchs nach den §§ 634 Nr. 3, 638 BGB. Auch hier ist wie beim Rücktrittsrecht eine Fristsetzung notwendig oder unter Umständen entbehrlich (siehe obige Ausführungen). Eine Ablehnungsandrohung, wie sie früher mal angenommen worden ist, ist auch im Rahmen des Minderungsanspruches nicht erforderlich.

Das Besondere an diesem Anspruch ist jedoch, dass – anders als beim Rücktrittsrecht – eine Herabsetzung des Werklohns nach § 638 Abs. 1 Satz 2 BGB auch bei unerheblichen Mängeln (sogenannten Bagatellfällen) ermöglicht wird. Probleme bereitet insbesondere die Berechnung des Minderungsanspruchs. § 638 Abs. 3 BGB schafft hierfür die Grundlage:

> »Bei der Minderung ist die Vergütung in dem Verhältnis herabzusetzen, in welchem zur Zeit des Vertragsschlusses der Wert des Werkes in mangelfreiem Zustand zu dem wirklichen Wert gestanden haben würde..«

In diesem Zusammenhang besagt die Rechtsprechung des BGH, dass bei einem Werkvertrag selbstverständlich der Vergleich zum Zeitpunkt des Vertragsschlusses kaum möglich sein wird, da es zu diesem Zeitpunkt noch kein Werk (bzw. das Haus oder die Wohnung) gegeben hat. Somit kommt als Vergleichszeitpunkt stattdessen die Fertigstellung, Ab-

lieferung oder – wie bei Bauträgerverträgen üblich – die Abnahme des Werkes in Frage. Vergleichen Sie dazu die Entscheidung des BGH vom 24.2.1972, Aktenzeichen VII ZR 177/70: »*Maßgeblicher Zeitpunkt für die Wertbestimmung beim Bauvertrag ist die Abnahme des Bauwerks.*«
Daraus ergibt sich folgende Formel für die Berechnung der Minderung:

$$\text{Vereinbarter Werklohn} \times \frac{\text{(Wert der mangelhaften Leistung/}}{\text{Wert der mangelfreien Leistung)}}$$

Als »Wert« in diesem Sinne ist der objektive Verkehrswert heranzuziehen. Im Zweifel ist jedoch Satz 2 der Norm anzuwenden, der für den Laien deutlich verständlicher ist und besagt:

»*Die Minderung ist, soweit erforderlich, durch Schätzung zu ermitteln.*«

In jedem Fall wird man ohne Heranziehung eines juristischen Beistandes nicht sicher feststellen können, welchen Minderungsanspruch man gegen den Bauträger geltend machen kann. Schließlich gilt auch hier der allgemeine Grundsatz (§§ 242, 254 BGB), dass sich ein Mitverschulden des Käufers auf den Minderungsanspruch auswirken kann.

## Schadensersatz

Wie bereits oben erwähnt, kann der Käufer gegen den Bauträger auch Schadensersatzansprüche geltend machen (§§ 634 Nr. 4, 636 BGB). Das Werkvertragsrecht verweist dabei auf die allgemeinen Anspruchsgrundlagen aus den §§ 280, 281, 283 BGB. Somit wird in diesem Zusammenhang ein Verschulden des Bauträgers vorausgesetzt, welches jedoch nach § 280 Abs. 1 Satz 2 BGB vermutet wird. Auch Schäden, die der Mangel an anderen Rechtsgütern des Käufers verursacht (sog. Mangelfolgeschäden), können vom Schadensersatzanspruch des Käufers erfasst werden.

Vereinfacht heißt das: Wenn die vom Bauträger eingebauten Rohrleitungen mangelhaft sind und es durch das Verschulden des Bauträgers zu einem Rohrbruch in der gekauften Neubau-Immobilie kommt, was dazu führt, dass Ihre Möbel unter Wasser stehen und nun beschädigt sind, können Sie sich diesen Schaden ersetzen lassen.

## Rechtserhebliche Erklärungen

Bitte beachten Sie, dass Sie all Ihre rechtserheblichen Erklärungen gegenüber dem Bauträger wie beispielsweise die Fristsetzungen für die Nacherfüllung, die Rücktrittserklärung, die Minderungserklärung oder beispielsweise die Mängelanzeige so vornehmen müssen, dass Sie im Falle einer rechtlichen Auseinandersetzung auch den *Zugang* beim Anspruchsgegner nachweisen können.

> Nachweis des Zugangs: Der Nachweis gelingt Ihnen, wenn Sie nachweisen können, dass Ihre Erklärung dem sogenannten »Machtbereich« des Anspruchsgegners zugegangen ist. Ein einfacher Brief, eine E-Mail oder ein Fax reichen grundsätzlich *nicht* aus, um den *Zugang zu beweisen*. Denn Sie können damit lediglich beweisen, dass Sie ein Schreiben in Richtung Anspruchsgegner abgeschickt haben. Den Nachweis, dass das Schreiben auch bei diesem derart zugegangen ist, wie es vom Gesetz bzw. von den Gerichten vorgeschrieben wird, können Sie auf diese Weise *nicht* erbringen. Folglich empfiehlt es sich, stets das »Einschreiben mit Rückschein« zu verwenden. Sparen Sie auch hier nicht am falschen Ende.

## Verjährung von Ansprüchen gegen den Bauträger

Bedenken Sie, dass die Neubau-Immobilie (als Bauwerk), die Sie von einem Bauträger erwerben, grundsätzlich einer *fünfjährigen Gewährleistungsfrist* unterliegt. Die Frist beginnt erst mit der Abnahme der Immobilie zu laufen und nicht schon mit dem Abschluss des notariellen Kaufvertrages. Damit stellt der Gesetzgeber sicher, dass der Käufer der Immobilie bei Mängeln, die sich erst einige Zeit nach der Abnahme der Immobilie zeigen, nicht auf seinem Schaden sitzen bleibt.

> **Praxistipp:** Hier zeigt sich ein wesentlicher Unterschied zwischen dem Kauf einer Neubau-Immobilie und dem einer Gebrauchtimmobilie. Bei Neubau-Objekten können Sie bis zu fünf Jahre lang erfolgreich Ansprüche aus dem Gewährleistungsrecht gegen den Bauträger geltend machen. Bei Gebrauchtimmobilien sind Gewährleistungsansprüche gegen den Verkäufer im Regelfall wirksam ausgeschlossen und nur auf ein »arglistiges«, also vorsätzliches Verschweigen eines Mangels begrenzt.

Den Beginn der Verjährung macht § 634a BGB also grundsätzlich von der Abnahme des Bauwerkes abhängig:

Zulasten des Bauträgers, der arglistig (also bewusst böswillig) einen Mangel verschwiegen hat, gilt abweichend, dass die Regelverjährungsfrist aus den §§ 195, 199 BGB herangezogen werden muss (§ 634a Abs. 3 Satz 1 BGB). Und zwar dergestalt, dass die Verjährung nicht vor Ablauf der oben erwähnten Fünf-Jahres-Frist zu laufen beginnt (§ 634a abs. 3 Satz 2 BGB).

## Abnahmeverweigerung

Einen nicht selten vorkommenden Fall stellt die Abnahmeverweigerung dar. Wichtig ist für Sie in diesem Zusammenhang vor allem, dass Sie als Käufer wissen, wann Sie die Abnahme überhaupt verweigern dürfen und wann nicht. Auch hier bietet das Gesetz entsprechende Maßgaben.

Nach § 640 Absatz 1 BGB ist der Besteller grundsätzlich *verpflichtet*, das hergestellte Bauwerk abzunehmen. Im weiteren Halbsatz stellt es diese Verpflichtung unter die Bedingung, dass nach der Beschaffenheit des Bauwerkes die Abnahme auch möglich sein muss. Das heißt, wenn Sie beispielsweise aufgrund der Mängel des Bauwerks das Bauwerk gar nicht betreten können (nicht unerhebliche Gefahren, undichte Leitungen, keine oder nicht funktionierende Grundanschlüsse usw.), kann man Sie auch grundsätzlich nicht dazu anhalten, das Bauwerk abzunehmen.

Der Käufer darf jedoch nicht ohne Weiteres die Abnahme verweigern (§ 640 Abs. 1 Satz 2 BGB).

Da – wie bereits dargestellt – eine grundsätzliche Abnahmepflicht besteht, wenn der Vertragspartner das Bauwerk vollendet bzw. seine Leistungen erbracht hat, sieht das Gesetz vor, dass die Abnahme eines Bauwerkes nicht verweigert werden kann, wenn nur unwesentliche Mängel vorliegen. Im Vordergrund steht somit die *Wesentlichkeit* des Mangels des Bauwerkes.

Beispiele für wesentliche Mängel:

- Nicht funktionierende Elektrik (»kein Strom«)
- Undichte Badewanne und Wasserrohre
- Verarbeitung einer anderen Holzart als vereinbart

Beispiele für unwesentliche Mängel:

- Kratzer an den Heizkörpern
- Schönheitsfehler bei den Fliesenarbeiten
- Kleine Unebenheiten im Teppichboden

Kleinere Beschädigungen, also etwa ein paar Kratzer am Heizkörper, führen nicht dazu, dass die Abnahme insgesamt verweigert und der Lauf der Verjährungsfrist vermieden werden kann. Daher sollten Sie eine Abnahme lediglich unter *Mangelvorbehalt* durchführen und, sofern möglich, eine Frist für die Behebung der Mängel vereinbaren. § 640 Abs. 2 BGB legt in diesem Zusammenhang folgendes fest:

»Nimmt der Besteller ein mangelhaftes Werk gemäß Absatz 1 Satz 1 ab, obschon er den Mangel kennt, so stehen ihm die in § 634 Nr. 1 bis 3 bezeichneten Rechte nur zu, wenn er sich seine Rechte wegen des Mangels bei der Abnahme vorbehält.«

Vergessen Sie jedoch nicht, dass Sie im Zweifel nachweisen müssen, dass Sie sich die Geltendmachung von Rechten aufgrund eines Mangels bei der Abnahme vorbehalten haben und dass ggfs. diese Vorbehalte dem Bauträger auch zugegangen sind. Ein mündlicher Mangelvorbehalt ist folglich nicht zielführend.

Bringen Sie Ihren Vorbehalt am besten in das Abnahmeprotokoll ein und lassen Sie sich dieses vom Bauträger unterschreiben. Bewahren Sie dieses Protokoll sehr gut auf, denn Sie könnten es bei der Geltendmachung von Ansprüchen gegen den Bauträger benötigen.

# Immobilien und Steuern

Wie in vielen anderen Bereich hält der Staat auch beim Thema Immobilien die Hand auf und sichert sich so jährlich Steuereinahmen von über 20 Milliarden Euro. Dabei werden einerseits Steuern bei jeder Transaktion einer Immobilie fällig (Grunderwerbsteuer) und andererseits wird auch schon das (bloße) Eigentum an einer Immobilie laufend besteuert (Substanzbesteuerung in Form der Grundsteuer).

## Grunderwerbsteuer

Der Kauf einer Immobilie löst grundsätzlich Grunderwerbsteuer aus, die je nach Bundesland unterschiedlich hoch ausfallen kann. Abhängig davon, in welchem Bundesland sich die Immobilie befindet, schwankt die Steuer zwischen 3,5 Prozent und 6,5 Prozent der Bemessungsgrundlage.

In der letzten Zeit sind in fast allen Bundesländern die Steuersätze erhöht worden. In Schleswig-Holstein ist mit Januar 2014 die Grunderwerbsteuer auf ein Rekordhoch von 6,5 Prozent gestiegen. Nach dem aktuellen Stand der Dinge werden nur Bayern und Sachsen den Steuersatz bei 3,5 Prozent belassen.

| Bundesland | Steuersatz seit 1998 | Erhöhung seit | auf Steuersatz |
|---|---|---|---|
| Baden-Württemberg | 3,5 % | 05.11.2011 | 5,0 % |
| Bayern | 3,5 % | keine Erh. | |
| Berlin | 3,5 % | 01.01.2007 | 4,5 % |
| | | 01.04.2012 | 5,0 % |
| | | 01.01.2014 | 6,0 % |
| Brandenburg | 3,5 % | 01.01.2011 | 5,0 % |
| Bremen | 3,5 % | 01.01.2011 | 4,5 % |
| | | 01.01.2014 | 5,0 % |
| Hamburg | 3,5 % | 01.01.2009 | 4,5 % |
| Hessen | 3,5 % | 01.01.2013 | 5,0 % |
| Mecklenburg-Vorpommern | 3,5 % | 01.07.2012 | 5,0 % |
| Niedersachsen | 3,5 % | 01.01.2011 | 4,5 % |
| | | 01.01.2014 | 5,0 % |
| Nordrhein-Westfalen | 3,5 % | 01.10.2011 | 5,0 % |
| Rheinland-Pfalz | 3,5 % | 01.03.2012 | 5,0 % |
| Saarland | 3,5 % | 01.01.2012 | 4,5 % |
| | | 01.01.2013 | 5,5 % |
| Sachsen | 3,5 % | keine Erh. | |
| Sachsen-Anhalt | 3,5 % | 01.03.2012 | 5,0 % |
| Schleswig-Holstein | 3,5 % | 01.01.2012 | 5,0 % |
| | | 01.01.2014 | 6,5 % |
| Thüringen | 3,5 % | 07.04.2011 | 5,0 % |

Quelle: Statista/Stand Januar 2014

Die Grunderwerbsteuer entsteht unabhängig davon, ob der Kaufpreis bereits bezahlt worden ist, sie ist jedoch in der Höhe abhängig von dem Wert der »Gegenleistung«, also davon, was der Käufer aufzuwenden hat, um das Grundstück zu erwerben, sprich vom Kaufpreis.

Entscheidend für die Entstehung der Grunderwerbsteuerschuld ist lediglich, dass ein inländisches Grundstück durch einen Erwerbsvorgang

(Kaufvertrag) übereignet worden ist und damit ein Rechtsträgerwechsel stattgefunden hat. Bei einem Kauf vom Bauträger errechnet sich die Bemessungsgrundlage nach dem Wert des Grundstücks zum Zeitpunkt der Fertigstellung des Gebäudes (§ 8 Abs. 2 GrEStG). Die Grunderwerbsteuer ist also auf den gesamten Kaufpreis fällig, nicht nur auf den Grundstücksanteil.

Als Schuldner der Grunderwerbsteuer gelten die am Erwerbsvorgang Beteiligten gesamtschuldnerisch. Das heißt, dass Käufer und Verkäufer grundsätzlich gemeinsam für die Steuer einstehen müssen. In der Praxis wendet sich das zuständige Finanzamt zunächst an denjenigen, der sich vertraglich zur Zahlung der Grunderwerbsteuer verpflichtet hat. In den allermeisten Fällen ist vertraglich festgehalten, dass der Käufer die gesamte Grunderwerbsteuerlast zu tragen hat.

**Praxistipp:** Im Zusammenhang mit der Grunderwerbsteuer muss die sogenannte *Unbedenklichkeitsbescheinigung* erwähnt werden. Das zuständige Finanzamt muss eine Unbedenklichkeitsbescheinigung ausstellen und damit die Zahlung der Grunderwerbsteuer bescheinigen. Zwar ist die Steuerzahlung eigentlich keine Voraussetzung für die Umschreibung des Eigentums, jedoch dürfen die Grundbuchämter ohne Unbedenklichkeitsbescheinigung keine Eintragung vornehmen, womit praktisch gesehen eine Grundbucheintragung ohne Zahlung der Grunderwerbsteuerschuld nicht möglich ist. Ohne Zahlung also keine Eigentumsumschreibung. Der Staat treibt somit auf sehr effektive Weise seine Forderungen ein.

## Grundsteuer

Darüber hinaus haben Sie als Eigentümer auch *fortlaufend* Grundsteuern (im Regelfall vierteljährlich) für Ihre Immobilie zu entrichten.

Die Grundsteuer ist im Grundsteuergesetz (GrStG) geregelt und wird als eine Steuer auf das Eigentum an Grundstücken verstanden, folglich auch als sogenannte »Substanzsteuer« bezeichnet.

Dieses Steuergesetz ermächtigt dabei die Gemeinden in Deutschland, die auf ihrem Gebiet befindlichen Grundstücke mit einer Grundsteuer zu belasten. Die Grundsteuer fällt unabhängig davon an, ob das Grundstück bebaut oder unbebaut ist.

Als nicht-bundeseinheitliche Steuer wird sie von der jeweiligen Gemeinde nach einem bestimmten *Hebesatz* angesetzt und kann folglich von Gemeinde zu Gemeinde sehr unterschiedlich ausfallen. Der Hebesatz kann je nach Kommune zwischen 80 Prozent (derzeit in Ingelheim am Rhein) und 1.800 Prozent (derzeit in Enzklösterle im Schwarzwald und Bad Wildbad) liegen. Die »Exklave« Büsingen am Hochrhein, die im Süden Baden-Württembergs an der Schweizer Grenze angesiedelt ist, wirbt schon seit Langem damit, »als einzige deutsche Gemeinde« keine Grundsteuer zu erheben. Die Gemeinden, die einen Hebesatz vorsehen, beschließen zwei unterschiedliche Hebesätze, einmal für eine »Grundsteuer A«, die für Betriebe der Land- und Forstwirtschaft gilt, sowie für eine »Grundsteuer B«, die auf alle anderen Grundstücke Anwendung findet. Mittels Multiplikation des Steuermessbetrages mit dem Hebesatz kann somit die Grundsteuerhöhe festgestellt werden.

Wenn wir bedenken, dass es in Deutschland über 35 Millionen Grundstücke gibt, wovon 21 Millionen Wohnimmobilien darstellen, kann man die Bedeutung und den Umfang der Grundsteuereinnahmen für die Gemeinden besser verstehen: Im Jahr 2015 werden voraussichtlich Steuereinnahmen in Höhe von mehr als 12 Milliarden Euro aus der Grundsteuer erzielt.

> **Praxistipp:** Bei der Vermietung von Wohnraum können nach § 2 Nr. 1 Betriebskostenverordnung die laufenden öffentlichen Lasten eines Grundstücks, also beispielsweise die Grundsteuer, im Rahmen der Nebenkostenabrechnung auf den Mieter umgelegt werden. Die Grunderwerbsteuer hingegen kann auf keinen Fall auf den Mieter umgelegt werden.

## Spekulationsfrist: Drum prüfe, wer sich ewig bindet!

Ein Immobilienerwerb stellt für die meisten Menschen die größte Investition ihres Lebens dar. Ihr Haus oder ihre Wohnung ist ihr wertvollster Besitz. Deshalb geht sicherlich niemand einen Immobilienkauf leichtfertig an. Doch trotzdem wird manchen Käufern bei einem Verkauf ihrer Immobilie eine wichtige gesetzliche Regelung zum Ärgernis: Die »*Spekulationsfrist*« und die damit verbundene »Abgeltungssteuer«!

Setzen wir voraus, Sie haben ein Haus gekauft. Nach einigen Jahren möchten Sie Ihre Immobilie wieder verkaufen – vielleicht weil auf berufliche Veränderungen auch regionale folgen, vielleicht aus familiären Gründen, etwa aufgrund einer Trennung von Ihrer Ehefrau oder Ihrem Ehemann, oder weil die Immobilie nicht mehr Ihren Bedürfnissen entspricht. Viele erleben dann eine böse Überraschung. Denn sind sie zum Zeitpunkt des Verkaufs weniger als zehn Jahre die Eigentümer ihrer Immobilie, müssen sie in vielen Fällen auf ihren Verkaufsgewinn eine sogenannte »Abgeltungssteuer« zahlen.

Nun gibt es eine gute und eine schlechte Nachricht. Zuerst die positive für Eigennutzer: Sofern Sie Ihre Immobilie seit dem Kauf mindestens in den beiden vorangegangenen Jahren selbst bewohnt haben, müssen Sie beim Verkauf Ihrer Immobilie keine »Abgeltungssteuer« bezahlen, egal wie hoch Ihr Gewinn ist. Die schlechte Nachricht geht an Kapitalanleger: Wenn Sie eine Immobilie kaufen möchten, um diese zu vermieten, oder falls Sie aufgrund der hohen Preissteigerungen in manchen Großstädten mit einem Immobilienkauf liebäugeln, kommen Sie bei einem vorzeitigen Verkauf an der »Spekulationsfrist« nicht vorbei. Vorsichtig sein sollten auch Kapitalanleger oder Erben, die mehr als drei Immobilien in einem Jahr verkaufen oder innerhalb weniger Jahre regelmäßig Immobilien veräußern. Denn diese kann der Fiskus als gewerbliche Verkäufer einstufen und somit werden ebenfalls Steuern fällig.

Das Fazit: Steuerfrei bleibt der Verkauf einer nicht selbst genutzten Immobilie nur, wenn sie frühestens nach zehn Jahren verkauft wird.

**Praxistipp:** Ein Verkauf vor Ablauf der »Spekulationsfrist« geschieht in den meisten Fällen nur aus der Not heraus. Wenn Sie Darlehen kündigen müssen, um das Haus ohne Belastungen verkaufen zu können, verlangen die Banken in der Regel eine sogenannte »Vorfälligkeitsentschädigung«. Die Kosten dafür dürfen Sie geltend machen, indem Sie sie von dem zu versteuernden Gewinn aus dem Verkauf der Immobilie abziehen.

# Immobilienkauf für Paare

Wer will schon beim Kauf einer gemeinsamen Immobilie an Trennung denken? Auch wenn es schrecklich unromantisch ist: besser, Sie tun es dennoch. Besonders, wenn Sie ohne Trauschein leben. Denn sollte es einmal tatsächlich zum »Worst Case« kommen, könnten große finanzielle Belastungen auf Sie zukommen. Anders als in einer Ehe gelten für Unverheiratete keine gesetzlichen Regelungen darüber, wem bei einer Trennung oder einem Todesfall die gemeinsame Wohnung oder das Haus zusteht. Dabei lässt sich auch der Immobilienkauf ohne Trauschein gesetzlich absichern.

## Beide Partner ins Grundbuch eintragen

Grundsätzlich gilt: Beide Partner sollten ins Grundbuch eingetragen sein! Denn nur dann haben beide einen rechtlichen Anspruch auf die gemeinsame Immobilie. Dabei genügt der gemeinsame Eintrag: Es müssen nicht beide zu gleichen Teilen (50/50) verzeichnet sein. Vielmehr sollte der Eintrag im Grundbuch die eingebrachten Eigentumsverhältnisse widerspiegeln. Hat einer der Partner erheblich mehr Geld in die Eigentumswohnung gesteckt oder entscheidende handwerkliche Leistungen nach dem Kauf erbracht, kann er beispielsweise mit 80 Prozent ins Grundbuch eingetragen werden, während der andere mit 20 Prozent registriert ist. Entscheidend ist, dass beide Partner im Grundbuch registriert sind.

## Auf der sicheren Seite: der Partnerschaftsvertrag

Auf der juristisch sicheren Seite befinden sich Paare, die vor dem Kauf ihrer gemeinsamen Immobilie einen *Partnerschaftsvertrag* abschließen. Damit regeln beide ihre Rechte an der gemeinsamen Wohnung und können vorab festlegen, wie sie im Trennungsfall vorgehen möchten: Bleibt einer der beiden in der Immobilie wohnen und zahlt den anderen aus? Wer bleibt wohnen und wie wird nach einer Trennung die Finanzierung geregelt? Soll ein Recht auf Miete vereinbart werden?

Diese und ähnliche Fragen sollten Sie in dem Partnerschaftsvertrag unbedingt vor dem Kauf fixieren lassen. Achtung: Der Vertrag muss notariell beurkundet sein!

### Vorsicht beim gemeinsamen Kreditvertrag

Nimmt das Paar für den Kauf der gemeinsamen Eigentumswohnung einen Kredit auf, so muss der entsprechende Kreditvertrag gemeinsam unterzeichnet werden. Das heißt, dass beide Partner an die Darlehensrückzahlung gebunden sind. Scheitert die Beziehung, bevor der Kredit an die Bank zurückgezahlt worden ist, müssen Regelungen für die Rückzahlung des Darlehens getroffen werden.

Entscheidet man sich beispielsweise dafür, die Immobilie nach der Trennung auf dem freien Markt zu verkaufen, muss unmittelbar nach der Veräußerung der gesamte Darlehensbetrag zurückerstattet werden. Lassen Sie sich vor der Unterzeichnung eines Darlehensvertrages juristisch beraten, um zu klären, welche Pflichten im Fall einer möglichen Trennung auf Sie zukommen.

### Tod eines Partners: Der Erbvertrag schafft Sicherheit

Das Erbrecht sieht vor, dass im Todesfall die *gesetzliche Erbfolge* eintritt. Bei Paaren, die nicht verheiratet sind, heißt das konkret, dass die Immobilie automatisch an die Familie des Verstorbenen fällt, an Kinder aus früheren Beziehungen, an Eltern oder Geschwister. Davor schützt den hinterbliebenen Partner ein (notarieller) Erbvertrag, in dem sich beide Partner gegenseitig als Erben einsetzen können. Auch dieser Vertrag muss notariell beglaubigt sein.

Alternativ kann auch jeder Partner ein *eigenes Testament* aufsetzen – ein gemeinsames ist für nicht verheiratete Paare nicht möglich. Allerdings kann ein Einzeltestament jederzeit ohne Wissen des anderen geändert werden. Wer also wirklich auf Nummer Sicher gehen möchte, zieht einen Erbvertrag, den beide gemeinsam aufsetzen, dem individuellen Testament vor. Hier gibt es zudem die Option, im Falle einer Trennung ein Rücktrittsrecht zu vereinbaren. Ganz wichtig ist auch hier, den

Erbvertrag vor dem Kauf aufzusetzen, denn im Nachhinein ist eine juristisch wirksame Einigung kaum mehr durchsetzbar, da automatisch die gesetzliche Erbfolge greift.

# Versicherungsschutz für Immobilienkäufer

Die Baufinanzierung ist unter Dach und Fach, alle Kosten sind einkalkuliert und der Immobilienkauf ist fest im Haushaltsetat der nächsten Jahre eingeplant. Viele Käufer machen sich zu diesem Zeitpunkt Gedanken über die Ausstattung der Neubau-Immobilie. Noch wichtiger ist es jetzt allerdings, die richtigen Versicherungen abzuschließen.

Immobilienversicherungen sind ein zentraler Punkt beim Kauf eines Hauses oder einer Eigentumswohnung. Einige, wie die Versicherung für Wohngebäude zum Beispiel, sind sogar Pflicht für alle, die ihren Eigenheimkauf mit einem Kredit finanzieren. Fast alle Banken in Deutschland verlangen vor Auszahlung eines Darlehens, dass beim Hauskauf eine Wohngebäudeversicherung abgeschlossen wurde.

### Unerlässlich: die Wohngebäudeversicherung

Wie bereits erwähnt, ist der Abschluss einer Wohngebäudeversicherung nahezu unverzichtbar für jeden, der ein eigenes Haus erwirbt. Die »gebundene Wohngebäudeversicherung« deckt alle Schäden am Gebäude ab, die durch Feuer, Leitungswasser, Sturm, Explosionen, einen Flugzeugabsturz und Blitzeinschlag entstehen. Im Falle eines Totalschadens übernimmt die Wohngebäudeversicherung den größten Teil der zum Wiederaufbau der Immobilie benötigten Summe. In Kombination mit einer »gleitenden Neuwertversicherung« deckt sie auch die kompletten Kosten für den Wiederaufbau der Immobilie zum ortsüblichen Neubauwert ab. Da sich die Kosten für einen Wiederaufbau jährlich aufgrund variierender Preise ändern, sollten die Versicherungssummen sowohl für die Wohngebäudeversicherung als auch für die ergänzende gleitende Neuwertversicherung regelmäßig angepasst werden. Die Wohngebäudeversicherung wird im Regelfall vom Bauträger bzw. Hausverwalter als Vertreter der (zukünftigen) Eigentümergemeinschaft abgeschlossen.

### Gute Ergänzung: die Elementarschadenversicherung

Je nach Lage des Hauses kann es sich empfehlen, ergänzend zur Wohngebäudeversicherung eine Versicherung für Elementarschäden abzuschließen. Diese deckt explizit Naturgewalten wie Lawinen, Erdrutsche, Hochwasser und Schnee ab. Achtung: Melden Sie Schäden sofort. Anderenfalls entfällt der Versicherungsschutz. Informieren Sie Ihren Versicherer auch über jede bauliche Änderung am Haus.

### Kein »Muss«, aber ein guter Schutz: die Hausratversicherung

Mit der Wohngebäudeversicherung ist nicht automatisch die Einrichtung mit abgedeckt. Diese kann durch eine Hausratversicherung abgesichert werden. Im Gegensatz zu der oben erwähnten Police ist diese jedoch kein »Muss«, lohnt sich jedoch für alle, die in ihrer Immobilie Werte beherbergen. Rechnen Sie vor Abschluss zusammen, wie hoch die Versicherungssumme zu sein hat. Grob kalkulierte Policen sind ein schlechter Begleiter, denn ist die Schadenssumme letzten Endes höher als in der Versicherungspolice abgedeckt, übernehmen Sie die Differenz und das können viele Tausend Euro sein.

### Empfehlenswert: Rechtsschutzversicherung für Immobilieneigentümer

Wer eine Eigentumswohnung oder auch ein Haus erwirbt, tut gut daran, eine spezielle Rechtsschutzversicherung für Eigentümer abzuschließen. Dies gilt sowohl für Selbstnutzer als auch für Kapitalanleger. Streit mit Nachbarn, Mietern oder Handwerkern entsteht schnell und neben dem Ärger sollten Sie nicht zusätzlich auf hohen Anwalts- oder gar Gerichtskosten sitzen bleiben.

### Zur Familienabsicherung: Restschuldversicherung

An den Tod denkt man selten und nicht gern. Im Falle von Kreditverträgen, die oft über mehrere Jahrzehnte laufen, kann es jedoch wichtig sein, langfristig zu denken. Verstirbt der Hauptfinanzierer oder -verdiener in der Familie noch während der Laufzeit eines Kredits, so stehen die Hinterbliebenen nicht nur vor einem immensen emotionalen Schmerz, sondern auch vor einer finanziellen Herausforderung. Denn fortan müssen sie für die Tilgung der Raten aufkommen. In diesem Fall – je nach Police und Abschlussart auch bei Krankheit und Arbeitslosigkeit – springt die Restschuldversicherung ein, die für die bis zur Abzahlung des Kredites erforderlichen Raten aufkommt.

Nicht jede Versicherung muss wirklich sein, einige jedoch sind, je nach den individuellen persönlichen Voraussetzungen, empfehlenswert.

# Einbruchsschutz für Immobilien

Alle vier Minuten werden in Deutschland Einbrüche in Häuser und Wohnungen verübt.

Leider haben die meisten Einbrecher leichtes Spiel, weil die Immobilien nicht ausreichend gesichert sind. Generell gilt: Sie können Wohnungen und Häuser jederzeit nachrüsten und um wirksame Schutzmechanismen erweitern. Allerdings ist es insbesondere bei Neubauvorhaben günstiger, gleich von vornherein die entsprechenden Maßnahmen vorzunehmen. Sprechen Sie Ihren Bauträger darauf an.

## So sichern Sie Ihre Neubau-Immobilie gegen Einbruch

Die Mehrzahl der ungebetenen Gäste steigt durch Fenster und Türen ein. Deshalb dienen einbruchhemmende Wohnungseingangstüren sowie Fenster bzw. Fenstertüren als guter Einbruchschutz. Allerdings müssen diese mindestens über die Widerstandsklasse 2 (WK 2) verfügen und nach DIN EN 1627 geprüft sein.

### Wesentliche Sicherungselemente in Türen

Die meisten Standardtüren bieten Einbrechern wenig Widerstand und lassen sich in kürzester Zeit aufbrechen. Um als objektiv »sicher« zu gelten, muss eine Eingangstür über die folgenden Merkmale verfügen:

- Vollholztür. Eine Tür aus Vollholz bietet im Gegensatz zu Metalltüren eine ausreichende Widerstandsfähigkeit – vorausgesetzt, Schloss, Zylinder und Beschlag sind entsprechend sicher und die seitlichen Bauteile sind fest mit dem Mauerwerk verbunden.
- Ein Einsteckschloss mit Mehrfachverriegelung bietet einen hohen Schutz gegen Einbruchsversuche. Optimal sind drei Schließvorrichtungen am

Hauptschloss, mindestens zwei sollten es schon sein. Ergänzend ist bei diesem Schlosstyp ein Riegel oben und unten an der Tür angebracht.
- Stabile Zargen und Schutzrosetten. Um zu verhindern, dass Türschlösser innerhalb von wenigen Minuten aufgebrochen werden, lohnt sich der Einbau von stabilen und zertifizierten Schutzbeschlägen und Schließzylindern.

### Sicherungselemente für Fenster

- Insbesondere bei Neubau-Immobilien lohnt sich der Einbau von DIN-geprüften einbruchhemmenden Fenstern und Fenstertüren der Widerstandsklasse 2. Wer auf diesen Fenstertyp verzichten möchte, sollte dennoch rundumlaufende Sicherheitsbeschläge am Fenster einbauen lassen. Diese werden mit speziellen Pilzkopfzapfen verschlossen und die Fenstergriffe sind abschließbar.
- Für Fenster im Erdgeschoss, speziell in Räumen, die häufig gelüftet werden, wie zum Beispiel Bäder, empfiehlt die Kriminalpolizei einbruchhemmende Gitter. Bei allen Fenstergittern sollten die Stäbe maximal zwölf Zentimeter voneinander entfernt, fest im Mauerwerk verankert und mit speziellen Schrauben gegen das Herausdrehen geschützt sein.

### Einbruchhemmende Rollläden bieten Schutz

Rollläden sind leicht von außen hochzuschieben und stellen für geübte Einbrecher keine wirkliche Barriere dar. Als erster Schritt sind spezielle Hochschiebesicherungen wirksam, die nachträglich ohne viel Aufwand montiert werden können.

Um einen wirksamen Schutz zu haben, sollte man allerdings zumindest für Räume im Erdgeschoss einbruchhemmende Rollläden der Widerstandsklasse 2 verwenden.

Bei allen oben genannten Elementen gilt: Lassen Sie diese von Experten einbauen! Nur ein fachgerechter Einbau erhöht wirklich den Einbruchschutz.

## Der elektronische Schutz: Alarmanlagen

Wer sich nicht allein auf die manuellen Schutzvorrichtungen verlassen möchte, kann unter zwei Arten von Alarmanlagen wählen: Bei der sogenannten »Fallenüberwachung« startet der Alarm, wenn der Einbrecher bereits in der Wohnung ist, während die »Außenhautüberwachung« Türen und Fenster auf gewaltsames Öffnen kontrolliert. Informationen zu Herstellern und dem fachgerechten Einbau von Alarmanlagen gibt die Polizei.

### Alltagstipps gegen Einbruchsversuche

- Lassen Sie Fenster und Türen niemals gekippt, wenn Sie die Wohnung verlassen.
- Stellen Sie keine Gartenmöbel in der Nähe der Fenster auf – sie sind gute »Leitern« für den Einstieg ins Haus.
- Schließen Sie die Wohnungstür ab, auch wenn Sie nur kurzzeitig außer Haus sind.
- Verstecken Sie keine Ersatzschlüssel im Außenbereich.
- Lassen Sie Rollläden tagsüber nicht herunter. Für potenzielle Einbrecher gilt dies als Signal, dass Sie nicht zu Hause sind.
- Bitten Sie jemanden, den Briefkasten zu leeren, wenn Sie in Urlaub sind.
- Optimal sind Video-Gegensprechanlagen. Immer mehr Bauträger bieten diese standardmäßig in Neubau-Immobilien an.
- Wenn Sie über ein »smartes Haus« verfügen, können Sie mit ferngesteuerten Lichtanlagen Anwesenheit simulieren. Generell gilt: Nichts wirkt auf Diebe so abschreckend wie eine Immobilie, deren Bewohner sichtlich zu Hause sind.

# Zukunft: Trends auf dem Immobilienmarkt

»Vorhersagen sind schwierig, besonders wenn sie die Zukunft betreffen«, so lautet ein bekanntes Bonmot, das Mark Twain zugeschrieben wird. Dennoch lassen sich auf dem Immobilienmarkt schon jetzt einige Trends erkennen und anhand von Fakten und Zahlen nachweisen.

### Spaltung des Immobilienmarkts

Der deutsche Immobilienmarkt ist gespalten: Steigende Kaufpreise und Mieten in prosperierenden Großstädten und beliebten Universitätsstädten wie Erlangen und Freiburg einerseits und andererseits Leerstand und sinkende Preise in wirtschaftlich unattraktiven Regionen (z. B. Ruhrgebiet, Saarland) und ländlichen Gebieten (z. B. Oberpfalz, Teile Ostdeutschlands).

Nach aktuellen Studien zur Bevölkerungsentwicklung gewinnen die Metropolen – allen voran München und Hamburg – immer mehr an Attraktivität, die Provinz hingegen verliert massiv an Bevölkerung. Junge Menschen verlassen die ländlichen Regionen. Zurück bleiben Senioren, die nicht mehr wegwollen oder gar nicht mehr wegkönnen. Nur Immobilien in attraktiven Regionen und mit wachsenden Bevölkerungszahlen sind eine sichere Kapitalanlage, die zumindest den Werterhalt garantiert. Diese Spaltung des deutschen Immobilienmarktes wird sich in Zukunft noch verschärfen.

Die Schere zwischen guten und schlechten Immobilienstandorten wird also in Zukunft noch größer werden!

### Vom Land in die Stadt

Der Trend ist eindeutig: Immer mehr Menschen bevorzugen das Leben »in der Stadt« und ziehen kurze Wege und schnelle Verbindungen einem Leben auf dem Land vor. Auf die Immobilienpreise sind die Auswirkungen gravierend: Immobilien in eher ländlichen Lagen – ohne unmittelbare Nähe zu einer Großstadt – verlieren massiv an Wert bzw. sind in

Einzelfällen sogar unverkäuflich. In wirtschaftlich prosperierenden Großräumen (Berlin, Frankfurt am Main, Hamburg, Stuttgart und München) werden die Immobilienpreise hingegen stabil bleiben bzw. weiter steigen.

### Mehr Individualität

Die durchschnittliche 3-Zimmer-Wohnung in durchschnittlicher Lage mit durchschnittlicher Ausstattung findet immer weniger Anhänger. Auch der Markt der Bauträgerimmobilien ist durch eine zunehmende Individualisierung und Segmentierung gekennzeichnet. Es gibt immer mehr Angebote im Luxus- und Superluxussegment, mit denen Zielgruppen erreicht werden sollen, die eine entsprechende Eigentumswohnung als Alternative zur selbst geplanten Villa sehen. Andererseits gibt es Bauträger, die sich auf den Discountbereich fokussieren und preisgünstige Wohnungen in wenig gesuchten bzw. einfachen Lagen errichten. Auch beim Thema Ausstattung und Grundrissgestaltung erwarten die Käufer zunehmend Flexibilität.

### Trend zu mehr Fläche und mehr Wohnraum

Die durchschnittliche Wohnfläche pro Person wird auch in Zukunft wachsen. Das heißt, die Menschen werden tendenziell in immer größeren Wohnungen leben. Statisch gesehen beträgt die Wohnfläche pro Person zurzeit 40 Quadratmeter. Laut dem Forschungsinstitut *empirica* wird dieser Wert in den nächsten 15 Jahren auf durchschnittlich rund 55 Quadratmeter steigen. Das fast vollständige Verschwinden von 1-Zimmer-Wohnungen bei Neubauten spiegelt diesen Trend schon wider.

Aber es gibt hier auch den gegenläufigen Trend: Junge Menschen (Berufsstarter, Studenten) sind eher bereit, Einschränkungen bei der Größe und Ausstattung der Wohnungen in Kauf zu nehmen, als bei der Lage einen Kompromiss einzugehen. Das Motto lautet hier: »Lieber das kleine abgewohnte Apartment in bester Innenstadtlage als die große Neubauwohnung im Umland.«

## Umstieg auf nicht-fossile Energieträger

Wenn es gelänge, den Energieverbrauch aller Gebäude um 25 Prozent zu senken, würde dadurch so viel Kohlendioxid eingespart, als wenn alle PKW stillgelegt würden. Diese Zahl verdeutlicht eindrucksvoll, welches Klimaschutzpotenzial in Immobilien steckt. Der Trend weg von Heizsystemen, die auf fossilen Energieträgern basieren (z. B. Erdgas, Öl) hin zu klimaschonenden Heizsystemen wie Photovoltaik oder Geothermie ist unumkehrbar. Es ist davon auszugehen, dass mittelfristig der Gesetzgeber den Einsatz von fossilen Energieträgern in Neubauten verbieten wird. Die EU drängt schon jetzt auf eine entsprechende gesetzliche Regelung.

## Seniorengerechtes Bauen

Auf die Herausforderungen einer alternden Gesellschaft muss auch die Bauwirtschaft reagieren. Die Nachfrage nach barrierefreiem und damit seniorengerechtem Wohnraum wird in den nächsten zehn bis zwanzig Jahren massiv zunehmen. Noch wird dieser Trend von den meisten Bauträgern ignoriert, da die Käufer-Zielgruppe meist in einem Lebensalter (30 bis 45 Jahre) ist, in dem altersbedingte Einschränkungen noch weit weg erscheinen. Dennoch wird es hier in den nächsten Jahren zu einem Bewusstseinswandel kommen.

# Anhang: Nützliche Internetadressen

Portal für Neubau-Immobilien

www.neubaukompass.de (hier finden Sie auch eine Vielzahl an Referenzobjekten)

Bauträger/Vermarkter im Großraum Berlin (Auswahl)

www.allod-mediac2.com
www.buwog-meermann.de
www.diamona-harnisch.com
www.grothgruppe.de
www.nccd.de
www.project-immobilien.com
www.structure-bau.de
www.stofanel.com
www.vandenberg-berlin.com
www.ziegert-immobilien.de

Bauträger/Vermarkter im Großraum Frankfurt a. M. (Auswahl)

www.ballwanz.de
www.bien-ries.de
www.city-1.de
www.gsw-ffm.de
www.hermann-immobilien.de
www.mattheusser.de
www.patrizia.ag
www.select-immobilien.com

Bauträger/Vermarkter im Großraum Hamburg (Auswahl)

www.formart.eu
www.grossmann-berger.de
www.helma-wohnungsbau.de
www.hermsdorfimmo.de
www.hfh-immobilien.de
www.icon-immobilien.de
www.interhomes.de
www.luethen-immobilien.de
www.manke-bau.de
www.tki-hamburg.de

Anhang: Nützliche Internetadressen

### Bauträger/Vermarkter im Großraum München (Auswahl)

www.bauwerk.de
www.baywobau.de
www.bgv-bautraeger.de
www.conceptbau.de
www.demos.de
www.eigenwert.de
www.hausbau.de
www.klaus-wohnbau.de
www.project-immobilien.com
www.rs-wohnbau.de

### Bauträger/Vermarkter im Großraum Nürnberg (Auswahl)

www.bauhaus-bautraeger.de
www.esw.de
www.mkk-wohnpark.de
www.pp-gruppe.de
www.project-immobilien.com
www.schultheiss-wohnbau.de
www.wbgbautraeger.nuernberg.de

### Bauträger/Vermarkter im Großraum Stuttgart (Auswahl)

www.baustolz.de
www.bietigheimer-wohnbau.de
www.moerk-immobilien.de
www.nccd.de
www.prime-estate-partners.de
www.suedobjekt-immobilien.com

### Portale für Immobilienangebote allgemein (auch Gebrauchtobjekte, Mietimmobilien)

www.immobilienscout24.de
www.immonet.de
www.immowelt.de
www.wunschgrundstück.de

## Immobilien-Blogs/Immobilienwissen

www.hausverwaltungsblog.de
www.immobilienblogger.de
www.immobilienportale.com
www.immovation-blog.de
www.innovation-blog.de
www.meineimmobilie.de
www.blog.ivd.net

## Finanzielle Förderung und Immobilienfinanzierung

Bundesamt für Wirtschaft und Ausfuhrkontrolle

www.bafa.de

### Übersichtsseite zum Thema Bauförderung

www.baufoerderer.de

### Fördermitteldatenbank

www.foerderdata.de

### Kfw-Bank

www.kfw-foerderbank.de

### Energieeffizienz – mit öffentlichen Finanzierungshilfen

www.energiefoerderung.info

### EnEV 2014 und Energieberatung

Informationen zur Energieeinsparverordnung

www.enev-online.de

### Deutsche Energie-Agentur

www.dena.de

## Weitere nützliche Webseiten

### Arbeitsgemeinschaft für Bau- und Immobilienrecht

www.arge-baurecht.de

### Haus und Grund Deutschland – Eigentümerverband

www.hausundgrund.de

# Stichwortverzeichnis A–Z

## A
Abnahme  31, 53, 56, 58, 62–65, 68–70, 77, 78, 80, 82, 85–89
Abnahme Checkliste  15, 17, 19–21, 36, 65, 68
Altbau  15, 17
  Altbau Nachteile  17
  Altbau Vorteile  18
Altersgerechtes Wohnen  21–24
  Checkliste  21–24
Änderung der Baubeschreibung  59
Auswahl  10, 13–15, 17, 19, 37, 68, 109

## B
Bank  22, 32–34, 39, 40–43, 45, 57–58, 98, 110
Baubeschreibung  30, 31, 33, 52–53, 55, 59, 67–68
Baufinanzierung  39–45, 100
  Fehler  39–45
Baugenehmigung  58–59, 61
Baumangel  10, 49, 71, 77
Bauträger  10, 13–14, 17, 21, 24–26, 28–38, 40, 52–53, 55–64, 68–70, 73–74, 78, 82–84, 86–90, 93, 100, 103, 105, 107, 109
Bauzeit  58
Bereitstellungszinsen  18, 40, 45, 58
*Berlin*  10, 48, 50–51, 77, 92, 107, 109
Bezugsfertigkeit  32, 57–59
*Bremen*  50, 51, 92

## C
Checklisten  15, 17, 19–21, 36, 65, 68

## D
Dachgeschoss  15, 19, 20, 22
  Nachteile  20
  Vorteile  20
Darlehen  96
Doppelhaus  15
Doppelhaushälfte  20, 21
*Dresden*  50, 51
*Düsseldorf*  50, 51

## E
Effektivzins  44
Eigenheimzulage  45
Eigenkapital  41–43
Eigenkapitalzinsen  42
Eigentum  49, 53, 91, 93
Eigentümergemeinschaft  37–38, 70, 100
Eigentümerversammlung  37
Eigentumswohnung  10, 19–21, 68, 82, 97–98, 100–101, 107
Einfamilienhaus  20
Energieausweis  72–73, 75–76
Erdgeschoss  15, 19, 22, 39, 104
  Nachteile  19
  Vorteile  19

## F
Fertigstellung  18, 29, 32, 53, 55–58, 61, 74, 77, 85, 93
Finanzierung  9, 33, 39, 41, 44, 97
*Frankfurt a.M.*  48, 50–51, 107, 109

## G
Gebrauchtimmobilie  17–18, 28, 88
  Nachteile  17–18
  Vorteile  18
Gemeinschaftseigentum  37–38, 41, 49, 60
Gewährleistung  70, 77, 82
Goldene Regeln  28
Grundbuch  97
Grunderwerbsteuer  40, 49, 55, 91–94
Grundschuld  39–40
Gutachter (→ Sachverständiger)  40

## H
*Hamburg*  10, 48, 50–51, 92, 106–107, 109
Hausbank  43–45
Hausverwaltung  18, 37–38, 41, 49, 70
Heizung  17, 31, 67, 75–76

## I
Immobilienfinanzierung  39, 41
Immobilienkrise  42
Immobilienportale  50, 109
Inflation  9, 46
Infrastruktur  47
Internetrecherche  25
Internetvermittler  43–44

## K
Kapitalanlage  46, 48, 49, 106
Kaufpreis  28, 29, 39, 40, 47, 55, 56, 58, 63, 92, 93
Kaufvertrag  30, 32, 54, 63, 93
KfW  44–45, 73
*Köln*  50–51

**L**

Lage   15, 18–19, 22, 24, 26, 32, 34–35, 46, 55, 62, 82, 100, 107
Land   15–17, 94, 106
   Checkliste   15–17

**M**

MaBV   52, 55–58
Makler   13, 28–29, 31, 35, 52, 55–57
Mangel   23, 31, 36, 63–65, 69–71, 77–81, 83–86, 88–89
Mängelbeseitigung   10, 36, 70–71, 84
Mängelrüge   71
Mängelrüge mit Fristsetzung   71
*München*   10, 24, 47–48, 50–51, 106–107, 109
Mustertext   69, 71
   Abnahmeprotokoll   69–70
   Mängelrüge   71

**N**

Nebenkosten   17, 39, 41
Neubau   9–11, 14–15, 17–18, 21–25, 28, 31, 37, 39, 47, 50–51, 54, 57, 59–62, 72–74, 79, 87–88, 100, 103–105, 107–109
   Nachteile   17–18
   Vorteile   17–18

Notar   28, 32, 40, 52, 54–55, 59, 80, 98
*Nürnberg*   50–51, 109

**P**

Provision   29, 31–32, 43, 45

**Q**

Quadratmeterpreise   20, 50
   Ranking   50
Qualität   18, 24–25, 35–38, 55, 62

**R**

Reiheneckhaus   20–21
Reihenhaus   15, 20, 35
Reihenmittelhaus   20–21
Rendite   42
*Rhein-Neckar*   50–51
*Ruhrgebiet*   50–51, 106

**S**

Sachmangel   77
Sachverständiger   40
Schadenersatz   70
Sondereigentum   19, 41, 60, 82
Sonderwünsche   17, 29, 40, 59
Spekulationsfrist   95–96
Stadt   15–16, 26, 47, 106
Stadt Checkliste   15–17
Standort (→Lage)   15, 18–19, 22, 24, 26, 32, 34–35, 46, 48, 55, 62, 82, 100, 107
*Stuttgart*   48, 107, 109

**T**

Trends   11, 15, 48, 106–108
*Tucholsky*   15

**U**

Umland   15–16, 107
Umland Checkliste   15, 17, 19–21, 36, 65, 68
*USA*   41, 42

**V**

Verhandlungen   28, 31, 33–34
Vermietung   21, 38, 47–75, 94
Vertragsentwurf   30
Vertragsstrafe   32

**W**

Wertsteigerung   16, 49
Wiederverkauf   16, 21, 41
Wohngeld   41

**Z**

Zahlungsplan   52, 56–57
Zinsen   9, 32, 39, 42–44, 49
Zukunft   15, 30, 46, 62, 75, 106–107